어느 날,
변두리 마을에
도착했습니다

남해의봄날

어느 날,
변두리 마을에
도착했습니다

반자본의 마음,
모두의 삶을 바꾸다

글 김효경

목차

좋은 관계는 어떻게 만들어지는가

4부 —

반자본의 마음, 마을을 바꾸다

한 번도 중심인 적이 없는 변두리 마을

가난한 사람들이 행복하려면

오래된 마을

에필로그   188

프롤로그

4년 전, 난 지금과는 꽤 다른 모습으로 이 마을로 이사를 왔다. 이사 1년 전쯤, 무기력으로 일상의 의욕을 잃고 하루에도 몇 번씩 울던 나는 신경정신과를 찾았다. 복약 기준이 50점이라는 우울증 테스트에서 70점이 나온 결과지를 내려다보며 의사는 당장 약을 복용할 것을 권했다. 그 후 한동안은 하루 두 개의 알약에 의지하며 지내야 했다.

그즈음 선암사를 걸은 적이 있다. 늦가을이었다. 산사의 앞마당에는 '삼인당'이라는 작은 연못이 있었다. 그 모퉁이 풀섶에는 이름의 유래를 적은 동판이 있었다.

'삼인(三印)은 제행무상인(諸行無常印), 제법무아인(諸法無我印), 열반적정인(涅槃寂靜印)의 삼법인(三法印)을 뜻한다. 이는 모든 것이 변하여 머무르는 것이 없고, 나라고 할 만한 것도 없으니, 이 세 가지 가르침을 마음에 새겨 깨달으면 열반에 들어간다는 의미다.'

동판 앞에서 모멸감이 밀려왔다. 그때야 비로소 깨달았다. 내가 텅 비어 있었음을. 겨울 산을 걷고 흔들리는 낙엽길을 지나온 것은 껍데기일 뿐이었음을. 이미 나라고 할 만한 것이 없었으므로 열정도, 욕망도 없었다. 감정들은 내게 머물러 의미를 만들지 않았고 없는 존재인 듯 냉담하게 스쳐갔다. 나는 다리를 잃은 풀여치처럼 어리석고 애타게 사라져 버린 것을 구하고 있었다. 이미 없는 것을 버리라니. 버리지 못해 안달인 것조차 없으므로 나는 수치스러웠다.

자존감과 정체성이 없는 일상은 열반이 아니라 지옥에 가까웠다. 하지만 시간에 맞춰 알약을 먹고 누구도 눈여겨볼 것 같지 않은 청동판에 분노할 뿐 그것을 어떻게 되찾을지 알 길이 없었다.

다음 해, 복약을 종료하는 내게 의사는 "우울증 환자의 50퍼센트는 5년에서 7년 후에 재발합니다. 그때 다시 약을 먹으면 되니까"라고 말했다. 낙관과 비관이 적절히 섞인 대사였다. 나는 더 이상 2주에 한 번씩 병원의 비좁은 주차장에서 낙담하지 않아도 돼서 기뻤다.

이듬해 가을에 나는 우연히 한 마을로 이사를 했다. 그리고 이 책은 그 마을에 대한 이야기이다.

이 마을의 특별한 기운을 눈치채고 책을 쓰기로 먼저 마음먹은 사람은 오은숙 씨였다. 가까운 신도시에 살던 그녀는 우연히 이 마을의 작은 도서관에 들렀다 그 가치를 곧 알아챘다. 그리고는 도서관 자원봉사를 시작하며 마을 속으로 젖어들었고 이 신기한 마을을 다른 이들에게도 알리기로 결심했다. 그녀의 가공할 추진력이 이끌어 준 덕에 나는 이 글을 쓸 수 있었다.

책을 쓰기로 결심한 가장 큰 이유는 호기심이었다. 내가 왜 이 마을에서 행복해졌는지 알고 싶었다. 나만 그런 게 아니었다. 마을 친구들 또한 "이 동네 좀 이상해"라고 했고, "여기 와서 내가 변했어"라고 찻잔을 어루만지며 고백하기도 했다.

마을에서 나는 종종 아침에 설레며 눈을 떴고 누군가를 만날 기대로 하루를 시작했다. 여행으로도, 책으로도, 일로도 흩어지지 않던 비관과 우울의 안개가 조금씩 걷혔다. 그곳에서 나는 더 많이 웃고 가벼워졌다.

이 마을에서는 내가 잘할 수 있는 일과 서투른 일이 명확해졌고, 이웃들은 내게 타인에게 솔직하게 다가서는 법을 가르쳐 주었다. 그들 덕분에 내가 먼저 웃고 배려하면 다른 사람도 흔쾌히 다가올 것을 종교처럼 믿게 되었다. 조금이나마 배려할 줄 아는 어른이 된 기분에 스스로가 대견스럽기도 했으며, 새로운 사람에게서 받을 상처를 겁내기보다는 관계로 풍요로워지는 삶에 놀라고 있다.

시간을 달리 쓰니 소비도 바뀌었다. 오랫동안 소비는 내게 중요한 즐거움이었고 나와 가족만을 위해 지갑을 여는 것을 당연하게 여겼다. 이 마을에서는 친구와, 동네 아이들과 나눠 먹을 음식에 더 많은 지출을 했다. 그럼에도 전체 소비는 다소 줄었는데, 다른 사람에게 나를 전시하기 위해서 크게 애쓰지 않은 덕분이었다. 친구들과 수다를 떨고, 수채화를 그리고, 바느질 모임에 기웃거리고, 꽃을 심으며 깔깔거리는 일이 많아질수록 쇼핑에 들이는 시간과 관심이 줄었기 때문이다.

이 마을에서 산 지 세 번째 해던가, 치과 카운터에서 간호사가 내 얼굴을 과하게 오래 쳐다본다 싶었다. 얼굴에 무엇이 묻었는지 물어보려 할 때 간호사가 말했다.

"목소리가 너무 밝아서 제 기분이 다 좋아져요."

"제가요?"

그 말은 내가 나도 모르게 일생의 꿈 중 하나를 이뤘음을 알려 주었다. 오랫동안 나는 명랑한 사람이 되고 싶었다. 자연스럽게 얼어붙은 분위기를 깨고 주위를 밝히는 사람이고 싶었지만, 그것은 행복한 분위기에서 충분히 젖어 온 사람만이 가질 수 있는 자산인 것 같았다. 나는 오래도록 행복하지 않았으므로 어린 시절의 명랑함을 다시 찾기는 어려울 것 같았다. 월세 500만 원이 나오는 상가나 BMW 7을 가져야 가능할 것 같던 꿈을 나는 어느새 이뤘던 것이다. 게다가 그곳은 하물며 치과였다. 치과에서조차 명랑할 수 있다면 어디선들 불가능하겠는가.

괴롭던 회사 일을 그만둔 것과 마을을 둘러싼 자연에 여유로워진 것이 내 변화의 중요한 원인임은 분명했다. 하지만 다른 마을에서였다면 내가 이처럼 극적으로 바뀌었을까? 분명 이곳은 지금까지 살던 곳과 달랐다. 사람들은 자주 만났고 이야기했다. 서로를 아끼고 배려하는 대화가 일상적이었고 덕분에 나는 스스로와 다른 사람을 존중하는 법을 배울 수 있었다. 이 마을에서는 돈이 많은가보다는 누가 더 많이 베풀 줄 아는 어른인가로 평가 받았다.

책을 쓰기로 마음먹고 마을 사람과의 인터뷰를 시작한 것도 어떻게 이런 일이 가능한지 알고 싶어서였다. 나와 은숙 씨의 인터뷰는 2017년 봄에 시작해 이듬해 3월까지 이루어졌다. 애초에는 20여 명을 예정했으나 궁금증이 꼬리에 꼬리를 물어 결국 인터뷰 대상은 40여 명으로 늘어났다. 그들은 이 마을의 관계망에서 중요한 초등학교, 작은 도서관과 교회, 마을 카페, 동아리 모임과 관련된 사람들이다. 초등학교 학부모회 임원, 작은 도서관의 개관준비위원과 역대 관장, 도서관과 마을 카페의 자원활동가 등이 포함되어 있다. 그들 중에는 이 마을에서 70년을 산 할머니도, 이사 온 지 1년이 채 안된 학부모도 있다.

거의 모든 인터뷰 후에 나와 은숙 씨는 그들의 진솔한 이야기에 몸을 떨었다. 나 외에도 많은 사람들이 마을에서 마음의 치유를 얻었다는 것은 확실했다. 어린 시절의 상처를 딛고 사람들 속으로 걸어 들어가기 시작한 이도, 마을 사람들과 어울리다 새로운 직업을 찾은 이도 있었다. 변화는 또 다른 변화를 낳아 이들은 다른 이웃에게 행복의 원천이 되고 있었다. 이런 일이 가능하기까지는 한 시골 목사와 작은 학교의 학부모들, 수많은 마을 사람의 희생과 땀이 있었다. 이 초라한 변두리 마을의 이야기는 그동안 많은 철학서와 인문서로도 불가능했던 변화를 나와 이웃들에게 일으켰다. 인터뷰가 진행될수록 유래 없는 물질적 풍요에도 불구하고 행복이 드물어진 요즘 우리가 같이 나눌 만한 이야기라는 확신이 강해졌다.

이 책은 한 마을의 기록이지만 마을 사람 모두의 이야기라고 하기는 어렵다. 이는 마을의 작은 학교와 도서관, 소모임 등을 통해 구축된 관계망에 참여한 사람들에 대한 글이라는 말이 더 옳다. 물리적으로는 이 마을에 살지만 이웃과 많은 교류 없이 지내는 이들이 경험한 곳은 이 글에서 언급한 마을과 사뭇 다를 것이기 때문이다.

이 마을은 네 개의 높은 산에 둘러싸여 있으며 오래전부터 마을을 관통하는 개울가의 좁다란 길로만 이웃 마을과 이어져 있다. 그 모양이 입구만 트인 자루 모양 같아 행정명 대신 '자루마을'이라는 별칭을 썼다. 언급되는 인물들도 일부 가명을 사용했다.

지면을 빌어 많게는 세 번까지 인터뷰에 흔쾌히 응해 주신 마을 어르신과 이웃들께 감사를 전하며, 부디 이 책이 그들에게도 기쁨이 되길 빌어 본다. 이 글이 가능했던 것은 함께해 준 오은숙 씨와 한덕희 씨 덕분이었다. 항상 부모님과 남편, 아이를 딛고 올라서 있음을 느낀다. 내 삶은 언제든 어깨를 내어 주는 그들에 기대어 있다.

1부 ─

마을의 위로

변두리 마을로 오다

프랑스 혁명이 바스티유에서 시작했고 움베르토 에코가 여자 친구의 권유로 <장미의 이름>을 쓰기 시작했다면, 내 이사의 계기는 전셋값 폭등이었다. 살던 집의 전세 계약이 끝나가고 딸아이의 초등학교 입학을 앞둔 때였다. 그즈음 카페에 앉아 있자면 사방에서 자고 나면 오르는 전셋값과 대출에 대한 푸념이 들려왔다.

너도나도 대출이니 전셋값이 더 오르고 그래서 대출액은 더 커져 가는 악순환이 계속됐다. 나만이라도 이 광풍에 휩싸여서는 안 될 것 같았다. 문맹률이 세계에서 가장 낮고 국민의 70퍼센트가 대학을 졸업한 나라에서 일어나서는 안 되는 일이었다. 그렇다고 내 가벼운 주머니와 두뇌에서 묘수가 나올 리도 없었다. 인생지사 새옹지마라는 말도 있으니 이번에는 전셋값이 더 싼, 하지만 마당이 있는 주택으로 이사 가 보기로 했다. 하지만 몇 달을 찾아도 남편의 출퇴근이 불편하지 않고 아이가 입학할 작은 초등학교가 있는 곳을 발견하지 못했다. 그러다 문득 유치원에 다녀온 아이의 말이 떠올랐다.

"엄마, 오늘 버스 타고 어떤 시골 마을에 갔다 왔어! 논에서 썰매도 타고 고구마도 구워 먹었어. 도서관도 있어. 이름이 '밤토실'이래. 예쁘지?"

유치원에서 한나절에 왕복할 거리이니 근교인 듯한데다 논과 숲에 도서관까지 있다니. 게다가 우리 식구는 모두 군고구마를 좋아한다.

과연 마을은 살던 곳에서 차로 20여 분밖에 떨어지지 않은 곳이었다. 하지만 마을 입구에 들어서자 그 흔한 아스팔트가 끊기고 비포장 도로에 차가 들썩이기 시작했다. 주택단지는 보이지 않고 부동산과 닭백숙이나 보양식을 파는 식당만 줄지어 있었다. 차는 잔디가 있는 카페와 지난주 방송을 탄 막국수집을 찾아온 자동차 행렬에 끼어 좀처럼 움직이지 않았다. 부동산 사장은 "휴가철에나 막히는데 오늘은 뭔 일이지" 하며 우리 부부의 눈치를 살폈다.

흙먼지를 뚫고 오르막길을 굽이굽이 돌아 차에서 내렸다. 그가 보여 준 전셋집은 가파른 산중턱에 있었다. 검정 비닐을 씌운 텃밭과 급히 지은 듯한 조립식 주택, 마당을 감싼 형광빛 철망 울타리가 시야에 들어왔다. 다른 사람이 계약할지도 모른다는 부동산 사장의 재촉에도 나와 남편은 답을 하지 않았다.

맹모라면
가지 않을 곳으로

몇 달이 지나 이삿날이 가까워졌지만 아직도 나는 밤마다 검색창을 뒤적이고 있었다. 고민 끝에 그 맹모라면 가지 않을 마을에 있다는, 아이가 말한 도서관을 둘러보기로 했다.

도서관 앞마당에 들어서자 고즈넉하고 평화로운 기운이 몰려왔다. 몇 달 전의 소란스러운 도로에서는 상상하기 어려운 풍경이었다. 낡은 슬레이트 지붕을 얹은 도서관의 소박한 나무문은 주말이라 닫혀 있었다. 아쉬운대로 도서관 뒤쪽으로 돌아가 보았다. 꽝꽝 언 층층이 논바닥에는 아이들이 놀다 간 듯 썰매 두어 개가 놓여 있었다. 도서관 처마 아래에는 누구든 쓸 수 있는 나무 썰매 수십여 개가 더 줄지어 있었다. 누가 썰매를 저리도 많이 만들어 놓았을까.

도서관을 둘러싼 숲속 오솔길을 따라가니 아름드리 소나무에 그네가 묶여 있었다. 아이는 유치원에서 단체로 왔을 때에는 순서를 기다리느라 제대로 못 탔다며 그네에서 내려올 줄을 몰랐다.

도서관 아래에는 레몬빛 전구알이 반짝이는 작은 건물이 한 동 있었다. 비닐하우스를 개조한 듯 세련된 맛은 없는 곳이었지만 왠지 따뜻해 보였다. 삐죽 머리를 들이밀어 안을 살피고 아이보리색 문을 드르륵 열었다. 교복 입은 아이 서넛이 얘기를 나누다 우리를 바라봤다.

"들어가도 될까요?"

"네, 그러세요."

카페의 회벽 위 액자에는 '엄만 내가 왜 좋아? / 그냥. / 넌 왜 엄마가 좋아? / 그냥.'이라는 시구가 적혀 있었다. '난로 팝니다'라는 메모와 탈핵강좌 포스터도 있었다. 나무 선반 위에는 동네 사람들이 팔려고 내놓은 듯한 도자기, 수첩과 꿀, 손수 만든 딸기잼과 퀼트 천이 있었다. 선반 앞에서 갈 곳 잃은 우리 가족에게 교복 입은 아이가 다가와 말했다.

"죄송하지만 오늘은 가게 여는 날이 아니어서 커피는 못 드실 것 같아요. 저희는 회의 때문에 잠깐 온 거고 커피를 내릴 줄 몰라서요. 하지만 코코아는 타 드릴 수 있어요."

아이가 타 준 코코아 잔을 꼭 쥐니 언 손이 간질거렸다. 코코아 잔을 씻어 선반에 올려놓고 퀼트 천 한 묶음을 골라 포장지에 적힌 값을 무인계산 상자에 넣었다. 지난번 본 조립식 주택의 허술함을 보건대 이사 오면 아이 방에 예쁜 커튼이 필요할 것 같았다.

아마 그때 난 이 마을의 알 수 없는 무언가를 감지했던 것 같다. 이 마을에는 겨울이면 논에서 썰매를 타는 아이들과 그들을 위해 썰매를 만드는 어른이 산다. 낯선 이에게 먼저 코코아를 권하는 중2 아이를 키워 낸 부모가 있고, 가족을 위해 난로로 집을 데우는 곳이다. 그리고 그네를 묶는 사람과 도예가와 꿀을 따는 사람들이 이 소박한 카페에서 만나 이야기를 나누는 것이다.

그렇게 나는 이사를 왔다. 고공 전셋값을 피해 맹모라면 오지 않을 마을로. 그리고 몇 년 후 그것이 단지 이 마을의 일부였을 뿐이란 것도 알게 되었다.

시골집은
전쟁 중

나는 네 시간째 욕실에서 외로운 싸움 중이었다. 천장에서 떨어진 세제 방울에 얼굴을 찡그리며 타일을 닦던 내게 남편이 물었다.

"왜 방이 안 따뜻해지지?"

기름 보일러에는 기름이 필요하다. 오래도록 잊고 있던 사실이었다. 보일러에는 기름이 없었고 우리가 그것을 발견한 것은 어느 일요일 밤이었다. 그 시각에 등유 두 드럼을 배달해 줄 인류애 충만한 주유소를 기대해 본 적이 없다. 하지만 밤새 추위에 떠느니 용기를 낼밖에. 이전 세입자가 붙여 놓은 주유소 스티커를 찾아 전화를 걸었다.

"저기, 혹시 난방유 배달 되나요?"

숨을 곳을 찾는 내 목소리에 주유소 사장님은 이미 상황을 직감한 것 같았다.

"어휴, 한 방울도 없어요? 오늘 저녁 뗄 것도 안 돼요?"

"네…."

하마터면 나도 어제까지 화수분처럼 틀면 나오는 도시가스를 쓰던 사람이라고 변명을 할 뻔했다. 수도꼭지 필터에 나뭇잎이 끼어 있지도, 안방 침대에서 집 반대편 화장실의 두루마리 휴지 푸는 소리가 들리지도 않았으며, 집 안의 모든 조명은 투르크의 군대처럼 정확하게 스위치를 누르면 켜지고 꺼졌고, 아침에 일어나니 안방의 실내온도가 한 자리 수가 되지도 않았고, 몇 년에 한 번씩 정화조를 푸는 일은 대한제국 수립과 함께 사라진 줄 알던 사람이라고 말이다.

마을의 위로

하필이면
―――
폭설

그해엔 몇 번이나 폭설이 내렸다. 기후 측정 이후 유래 없던 폭설이 왜 하필이면 내 작은 경차로는 오를 수 없는 산꼭대기로 이사 온 해에 내리는 것인지.

그날은 이전에 살던 동네에서 재능기부로 가르치던 글쓰기 수업이 있던 날이었다. 수업 후 집으로 향하는 팔차선 도로변에는 후륜구동의 대형 세단들이 비스듬히 서 있었다. 기약 없는 견인차를 가 버린 연인처럼 기다리는 세단의 주인들은 운전석에서 묵묵히 담배를 피우고 있었다.

아이와 나는 저녁도 먹지 못한 채 세 시간째 차에 갇혀 있었다. 평소라면 40분 거리였다. 착한 일까지 하고 오는 길인데 신은 내게 왜 이런 시련을 주시는 걸까.

지나온 세 시간의 도로보다 더 큰 난관은 집을 1킬로미터 정도 앞둔 언덕이었다. 차 바퀴가 계속 미끄러지고 휘청거리더니 급기야 역한 탄내를 풍기기 시작했다. 할 수 없이 시동을 끄고 뒷자리의 잠든 아이를 깨웠다. 책가방은 무거우니 내일 가져가기로 하고 둘이 차로 2분 거리를 30분 넘게 걸어 집에 도착했다. 현관문을 열자마자 젖은 양말을 벗어 던지고 눈 물인지 콧물인지 모를 것을 닦으며 코트를 입은 채 난로에 불을 지폈다. 저녁을 준비하는 동안 아이는 젖은 바지를 입은 채 잠들었다. 아이와 나는 감기로 몇 주 고생했다.

눈이 내리면 아이는 유치원에 갈 수 없었고 나는 심리치료사 강의에 빠져야 했다. 남편은 출근을 할 수 없었으므로 눈 예보가 있는 날에는 성실한 제설차가 순회하는 신도시의 시댁에서 자고 회사로 출근했다. 나는 난로에 장작을 가득 채우고 하염없이 뜨개질을 했다. 그해 겨울이 끝나기 전에 손바느질로 아이 방 커튼과 목도리 두 개를 완성했고 그 사진을 '출산 이후 최고의 성과'라는 태그를 붙여 SNS에 올렸다.

아이와 난로에 고구마를 구워 먹다 고개만 들면 눈 모자를 쓴 건넛마을 산등성이가 한눈에 들어왔다. 거실 창밖으로는 강원도 산 사라 해도 믿을 법한 풍광이 아이맥스 영화처럼 펼쳐져 있었다. 하지만 절경 속에 사는 게 이런 것일 줄이야.

첫 겨울에는 그렇게 눈이 쌓이면 집에서 과묵한 곰새끼들처럼 뒹굴다 눈이 녹으면 기다렸다는 듯 예전에 살던 신도시로 친구들을 만나러 갔다. 그리고 도시를 박차고 나간 삶이 어떤 것인지 궁금해하는 이들과 대여섯 번에 이르는 집들이를 했다. 그들은 화목난로와 마당의 눈 속에 맥주병을 꽂아 두었다 마시는 것을 좋아했다. 층간소음 걱정도 없이 밤새 떠들어 대는 것도, 테라스에서 연기를 괄괄 날리며 고등어와 삼겹살을 구워 먹는 것도 재미있었다. 하지만 그때까지만 해도 이 동네는 내 마을이 아니었다. 내 집이 있는 곳일 뿐이었다. 그 몇 달 동안 나는 종종 어렵게 사귄 몇 명의 친구와 산뜻한 아스팔트를 두고 이사 온 것을 후회했다.

전원주택이 뭐라고

위로의 삼할은
정원

전원주택으로 이사 간다는 내 말에 친구들은 시골 겨우살이에 대한 악소문을 우려스레 전해 주었다. 그럴 때면 나는 자못 여유로이 "스무 살까지 시골 단독주택에서 살았잖아. 지금 집도 단독인데 뭐. 요새는 집 짓는 기술이 좋아져서인지 살 만하던데?"라고 답했다.

그때까지만 해도 도시가스와 지열보일러가 없는 주택의 주인이 추위 앞에 얼마나 겸손해야 하는지 알지 못했던 것이다.

식생이 강원도 철원과 다를 바 없다는 이곳의 겨울은 고향 여수나 신도시 주택단지의 그것에 비할 바가 아니었다. 마을 사람들은 11월 초입이면 창문에 뽁뽁이를 붙이기 시작해 반년 가까이 떼지 않았다. 집을 온기로 채우자면 보일러 기름값만 한 달에 70-80만 원이 들 판이니 겨울에는 온 가족이 한 방에서 자는 집도 많았다. 우리 가족도 아침에 일어나 밤새 난로가 꺼진 거실로 나가기 전에는 스웨터를 챙겨 입었다. 슬리퍼 없이는 거실 마루도 견디기 힘들었으니 마당은 말할 나위도 없었다. 음식물 쓰레기를 버리거나 장작을 가지러 갈 때가 아니면 지뢰밭인 듯 되도록 발을 딛지 않는 것이 최선이었다.

단풍이 물들 무렵부터 마을 사람들은 둘만 모여도 나라 걱정을 하듯 난방 얘기를 했다.

"10월인데 벌써 서리가 내렸어. 올겨울도 장난 아니겠는데."

"작년에 집 안에서 파카를 입고 지냈는데도 한 달 기름값이 50만 원이나 나왔어. 안되겠길래 올해는 연탄 보일러를 놨지."

"전기톱을 장만했어. 남편이 땔감하러 간대."

우리집은 이 변두리 마을에서도 변두리에 있었다. 가파른 등성이에서 미끄러져 내린 이 협곡은 인가가 거의 없고 교통도 불편했다. 이사 와서 만난 토박이들의 증언에 따르면 이 자리에는 오랫동안 울창한 수풀 속에 개농장만 있었다고 한다.

마을 주변에 고속도로가 생길 거라는 소문을 듣고 강남 논현동 아줌마 대여섯이 계를 터 헐값에 산지를 사들인 것이 이 집의 시초였다. 그들이 물색한 시공업자들은 개농장을 헐고 산을 깎아 10미터가 넘는 축대를 쌓았다. 축대 위에는 조립식 주택 30여 채를 지었다. 집 한 채를 짓는 데 한 달도 걸리지 않았다. 그렇게 지은 단독주택들은 이윤을 붙여 분양하고 일부는 세를 놓았다. 내가 세든 집의 임대인은 이 개발사업을 진두지휘한 70대 할머니로 주변 예닐곱 주택의 소유자이기도 했다.

마을에는 이런 식으로 지어진 집들이 많았다. 새로운 마을의 창시자이자 땅주인인 이들은 값싼 집을 지어 한동안 임대했다 땅값이 오르면 팔았다. 사람들은 이를 투자용 주택이라 불렀다. 주택 건축비는 팔 때 제값을 받기 어려웠으므로 땅주인들은 최소의 비용으로 집을 지었다.

물론 마을에 이런 집들만 있는 것은 아니다. 도심으로 출퇴근할 수 있으면서도 개발이 되지 않은 전원이었으므로 곳곳에 넓다란 정원과 잘 손질한 소나무를 거느린 대저택과 별장도 많다. 그러나 불행히도 우리집은 롯데 응원석의 두산 팬처럼 엉거주춤한, 어쩔 수 없이 사랑받지 못한 기색이 역력한 조립식 주택이었다.

덩치만 클 뿐 허술하고 애정의 손길을 갈구하는 이 집은 200평의 너른 땅 위에 영문을 알 수 없이 북향으로 앉아 있었다. 얼마든지 남향으로 지을 수 있음에도 말이다. 아마도 별도의 설계비를 들이기 아까웠거나, 수도나 하수관 비용을 아끼기 위해서였을 것이다. 덕분에 한여름에도 정오만 되면 거실에서 햇살이 사라졌고 겨울에는 거의 온종일 전등을 켜야 했다. 집에서 가장 해가 잘 드는 곳은 화장실이었다.

누군가 5월까지 난로를 피웠다고 해도 개마고원에 사는 것이 아니다. 경기도 모처에서 내가 그랬다. 바람이 거센 날에는 허술하게 얹은 벽과 창문이 종잇장처럼 푸덕거렸다. 침대에 누운 나는 도로시처럼 집과 함께 어느 낯선 들판에, 운이 나쁘면 누군가의 머리 위에 풀썩 내려앉는 건 아닐지 걱정했다. 마당도 엉성하기는 마찬가지여서 준공허가를 받기 위해 심은 철쭉과 서양잣나무만 멋대가리 없이 자라고 있었고 겨울 내내 텃밭은 썩은 배추 밑동과 시래기로 덮여 있었다.

봄의
대반전

3월이 되자 딸은 차로 10여 분 거리에 있는 작은 초등학교에 입학했다. 여러모로 어이가 없는 이 집에도 잔혹극 같은 겨울이 끝나고 봄이라는 반전이 시작되었다.

"자기네가 몇 월에 이 동네로 이사 왔지?"

"12월이지."

"어이쿠 이런."

찬바람 부는 계절에 이사 왔다 하면 마을 사람들은 수두 걸린 아이 얼굴을 보여 준 듯 아쉬워했다. 겨울은 에누리 없는 공분을 살 정도로 혹독하지만 봄이 오면 마을살이는 돌변하기 때문이다.

매일 아침 아이를 학교에 데려다주고 집으로 돌아오면 나는 차 열쇠를 호주머니에 꽂고 홀리듯 정원과 텃밭을 돌았다. 펭귄과 순록이 노닐어도 이상할 것 같지 않던 마당에 날마다 이름 모를 싹이 새로 돋았다. 전에 살던 노부부가 심어 놓은 돌나물, 참나물, 두릅이라고 이웃 할아버지가 가르쳐 주었다. 흙더미를 이고 나오는, 어제 없던 떡잎들이 하도 장해 나는 쭈그려 앉아 돌을 고르고 딱딱한 흙덩이를 부숴 주었다. 찬란한 봄에 비해 나의 마당은 너무 초라했다. 두고 볼 수가 없어 밭고랑을 뒤엎고 줄잔디와 튤립 구근을 사다 심었다. 테라스에서 가장 잘 보이는 곳에는 꽃양귀비를 심었다. 마당을 가지면 항상 꽃양귀비를 두고 싶었다.

난생 처음 나무시장을 검색해 찾아가 조팝나무 여섯 그루와 홍매화 묘목도 사다 심었다. 잘 자란 조팝나무는 봄이면 신부의 화관 같은 희고 작은 꽃을 피웠다. 여름이면 푸른 잎과 가지를 키워 철조망 울타리를 가려줄 것이었다.

딸아이가 태어난 지 100일 즈음, 나와 엄마, 아빠는 하동 나무시장에서 홍매화 묘목 한 그루를 사 왔었다. 수형 바르고 대가 튼튼한 묘목을 고향집 밭에 심으며 엄마는 "홍매가 피면 꽃도 보고 매실이 열면 청도 담가 먹어야지" 하며 좋아했다. 비록 언제 이사갈지 모르는 전셋집이었지만 그곳에도 우리의 나무 한 그루를 심었다. 땅에 뿌리 내린 홍매화는 금세 자라 세 번째 해 봄에는 노랗고 통통한 매실을 따 유리병 가득 청을 담갔다.

시골의 봄은 도시의 봄과는 달랐다. 이곳에서는 봄이 온몸을 침투하고 세포 속을 통과했다. 땅 속에 숨어 있던 수억 개의 씨앗이 경쟁하듯 피어올랐다. 마당에 있으면 그들의 말 없는 전투와 생명의 아우성이 들리는 듯했다. 죽은 듯 겨울을 견디던 나무줄기에 마술처럼 푸른 빛이 돌더니 곧 목련, 개나리, 라일락이 피어올랐다. 나는 기미가 느는 줄도 모르고 봄볕에 주저앉아 젖은 몸과 마음을 말렸다. 잠들기 전, 내일 정원에 심을 꽃과 나무를 떠올리면 마음이 설렜다.

아침나절부터 묘목을 옮기고 잡초를 파다 허기를 느끼면 부엌으로 들어가 토마토와 모짜렐라 치즈를 자르고 커피를 내렸다. 그러곤 샐러드와 커피잔을 들고나와 테라스 난간에 다리를 올리고 캠핑 의자에 반쯤 누워 아침 겸 점심을 먹었다. 눈은 자연스레 푸른 하늘과 구름을 쫓았고 햇살 속에서 새소리와 밭 가는 노인들이 틀어 놓은 노랫소리가 들려왔다. 시작도 끝도 정해지지 않은, 느리고 평화로운 식사시간이었다. 사방은 온통 나를 행복하게 하는 것들로 채워져 있었다.

이제 나는 봄이라는 단어에 항상 그곳을 떠올린다. 난방을 끊을 즈음이면 해먹이나 캠핑 의자를 든 이웃이 하나둘 문을 열고 나오고, 주말이면 온 가족이 느지막이 일어나 기나긴 아침을 먹던 곳. 그곳 이후로 테라스에 널었던 빨래를 걷을 때면 코를 박고 냄새를 맡는 습관도 생겼다. 티셔츠와 청바지에는 침을 꼴깍 삼킬 만큼 싱싱한 햇빛과 풀과 바람의 향기가 담겨 있었다. 봄마다 아이는 잠옷을 입은 채로 해먹에 누워 시간을 보냈다. 정원 너머에서는 이웃의 목소리가 드문드문 들려왔다. 그들도 우리처럼 겨울의 전리품 같은 봄을 만끽하는 중이었다. 주말이면 습관적으로 들렀던 쇼핑몰이나 캠핑장, 펜션에 가는 일은 이제 거의 없었다. 나뿐 아니라 이 마을의 많은 사람들이 그랬다.

열무씨의 약속

강남 할머니 소유의 집들 대부분을 휘감은 철조망 울타리 사이로 프라이버시란 없었다. 덕분에 봄 내내 밭고랑을 골라 잔디를 심고 텃밭을 돌볼 때면 지나는 이웃들의 목소리가 들려오곤 했다.

"재밌어요?"

"아유, 그냥 상추나 심어 먹지. 세든 사람이 뭐하러 남의 집에 화단을 만든다고 난리야."

"상추 모종을 돈 주고 샀어? 우리 집에 남았는데 아깝네."

"상추는 모종보다는 씨를 뿌려야 맛있지. 내년에는 씨를 뿌려 봐."

(그리고 그 다음 해에는)

"상추 씨를 뿌렸어? 어느 세월에 따 먹으려고. 내년에는 그냥 모종을 심어."

옆집 할아버지는 그중에서도 특히 나의 마당 활동에 관심이 많은 인물이었다. 마주칠 때마다 "열무를 심어 봐" 하시던 할아버지는 결국 지지리도 말 안 듣는 이웃 아낙에게 줄 열무씨 한 주먹을 쥐고 텃밭으로 들어오셨다. 내심 귀찮지만 이렇게 되면 할아버지가 시키는 대로 퇴비 한 바가지를 흙과 뒤적여 바둑판만큼 땅을 고르고 미술붓 꽁댕이로 구멍을 뚫어 열무씨 50개를 심는 수밖에 없다.

"생각날 때마다 물 줘 봐. 삼사일이면 싹이 날겨" 하고 노인이 사라질 때만 해도 사흘 후에 그렇게 놀라운 미장센을 목도할 줄은 몰랐다. 그곳에는 거대한 떡잎 마흔아홉 개가 줄지어 서 있었다. 1주일 뒤에는 쉰 개가. 열무씨 봉지에 쓰인 '발아율 90퍼센트'는 종묘사의 겸손일 뿐이었다.

열무씨는 약속이다. 씨를 심은 그 자리에 조금의 속임수도, 과장도 없이 열무싹은 솟는다. 폭풍성장 또한 열무의 자부심. 자고 나면 자란다는 수사는 열무를 위한 것이다. 이웃집 노인이 열무에 경도되어 좌절도 모르고 그 권능을 설파한 이유가 있었던 것이다.

식욕이 없을 때면 한 뼘 키의 어린 열무를 뽑고 냉장고에서 멸치젓갈을 꺼내 쌈을 쌌다. 찬밥과 열무 이파리 몇 장과 멸치젓 한 숟가락이면 위장이 기분 좋게 충만해진다. 1년에 몇 번은 이런 밥상이 당길 때가 있다. 내게도 봄 여름 내내 푸성귀 쌈으로 세 끼를 먹는 엄마의 유전자가 있었다.

열무가 아무리 우람하게 자라 이웃의 부러움을 사도 큰 소용은 없었다. 쌈이나 몇 번 싸먹고, 겉절이 두어 번 해먹은 후 나머지는 죽죽 뽑아 친척이나 친구에게 나눠주었다. 열무김치를 담글 줄 모르니까. 하지만 상관없다. 열무의 용도는 그게 아니니까.

열무는 뿌리면 거둘 수 있게 해 주는 자비로운 자연의 증거이며, 세상일의 대부분은 원래 저절로 되는 것임을 잊지 말라는 가르침이다. 열무를 보면 누구나 깨달을 수 있다. 구멍을 뚫고, 씨를 심고, 물만 주어도 열무씨 열 개는 보들보들한 열무 열 뿌리가 되어 배를 든든하게 채워 주는 세상에 내가 살고 있다는 것을. 그러니 그리 걱정할 것이 없음을. 안되는 일에 너무 애쓰지 말 것을.

정원에
안도하다

한번은 아이가 같은 반 친구네에서 목화씨 열 개를 얻어온 적이 있다. 씨앗 열 개를 하룻밤 물에 불렸다가 다음 날 아이와 화단에 심었다. 전날 목화씨를 분양한다는 이웃의 카톡글을 읽었을 때부터 어린 시절의 한 장면이 복기되는 것을 느꼈다.

내가 일고여덟 살 되었을 때니 지금 딸아이의 나이쯤이었을까? 살던 집에서 고개 하나를 넘어야 나오는 척박한 밭뙈기가 있었다. 그해에는 목화를 밭 가득 심었다. 이듬해 삼촌이나 고모를 시집이나 장가 보내게 되었던지, 그래서 두툼한 목화이불이 필요했던 건지. 흔한 계산속도 없이 가난한 시골 공무원에게 시집온 여수에서 손꼽히는 부잣집 딸이었던 엄마는 그을린 얼굴에 땀내를 풍기며 내게 목화 열매를 따 먹여 주었다. "먹어봐, 달아" 하면서.

어린 시절의 새털같이 많은 날 중에서도 왜 내게 그날의 따갑던 햇빛이, 기대보다 달콤했던 목화 열매가, 뻐꾸기가 우는 밭 한가운데 서 있던 우리 두 모녀의 기억이 아직까지 남아 있는 건지는 알 수 없다. 목화 열매도 먹을 수 있다는 놀라움 때문이었을지, 하루 종일 밭을 매고 쉰내를 풍기며 시집살이를 하던 엄마와의 이름 붙이기 힘든 교감 때문이었을지, 아니면 그해 가을 보송한 솜털을 가득 문 채 촘촘이 서 있던 목화꽃의 스펙터클 때문이었는지.

그때 목화밭의 엄마는 마흔이 넘은 내가 고즈넉한 산골집 화단에 목화씨 열 개를 재미 삼아 심을지 상상이나 했을까. 그날 밤, 그 시절 엄마의 나이가 된 나는 "지금 목화 심어도 안 늦나? 딸내미랑 심어보려고" 하고 전화를 했다. 그리고 그렇게 할 수 있음에 새삼 감사했다.

목화를 심으며 나는 그 더웠던 목화밭에서 어린 내가 엄마에게 조금이나마 위로가 되었길 바랐다. 엄마가 준 목화의 기억이 지금의 나를 따뜻하게 해 주듯이. 그리고 마당가에 심었던 목화씨의 성장이 나와 딸의 마음 어딘가에도 예쁘게 남으리라 생각했다.

나도 아이에게 달콤한 열매를 먹여 주리라는 원대한 계획과는 달리 그해의 목화 농사는 시원찮게 끝났다. 열 개의 씨앗 중 제대로 싹을 틔운 것은 두 개뿐이었고 그나마 키 큰 해바라기 그늘에서 비실대다 밤톨만한 목화솜 한 개를 내뱉고는 생을 마쳤다.

하지만 목화솜의 생육 역시 크게 중요하지 않다. 이웃이 은박지에 겹겹이 싸 준 목화씨를 받아들고, 아이와 씨앗을 심고, 싹이 텄는지 몇 번씩 들여다보고, 저녁을 먹다 아이에게 "목화 꽃 하나 피었더라!" 하고 말하면서 난 스스로를 안아 주고 있었다.

심란한 채 텃밭에 나가면 어제 없던 토마토 꽃이 주렁주렁 달려서 말을 건넨다.

"조금만 기다려. 내가 열매를 줄게."

어제 심은 손톱만한 꽃모종은 흙을 꼭 움켜쥔 채 남쪽으로 까치발을 서 말한다.

"난 아무렇지도 않아. 그러니 너도 괜찮을 거야."

그걸 보면 생각했다. '나도 어쩌면 저들처럼 강하게 태어났을지도 몰라'라고. 테라스문을 나서기만 하면 약하지만 강하고, 변화무쌍하면서도 변함없이 나를 위로해 주는 정원이 있다는 것에 나는 자주 안도했다. 열무와 토마토가 자라면 내 아이가 자라듯 마음이 차올랐다.

인류의 몸과 뇌는 수십만 년 동안 자연을 헤매 먹거리를 모으던 조상의 것과 크게 다르지 않은 것 같다. 그래서 사람들은 그토록 꽃과 초록 싹에 안도하는 게 아닐까.

이 마을에서 얻은 위로의 삼 할은 정원이었다.

다시 쓸 수
있을까

평생 효율 없는 짓을 지지리도 많이 해 온 편이지만 전셋집의 정원일만한 것도 드물었다. 나는 그즈음 '정원교'라는 유서 깊은 종교에 빠져 있었다. 같은 교인으로 타샤 튜더와 헤르만 헤세가 알려져 있고 일본에서는 마루야마 겐지라는 이가 활약 중이다. 나는 신약서인 듯 장미 순접 동영상을 되풀이해 보고 경건한 마음으로 접목 집도에 임했다. 접목한 장미에 싹이 트면 그 복음을 이웃 교인에게 황급히 전했다.

첫해 봄에는 전에 있던 배추밭을 삼분의 일로 줄여 텃밭으로 사용하고 나머지 밭은 골라 잔디를 심었다. 주말에 놀러 온 도시 친구들이 잔디 심기를 도와주었다. 틈날 때마다 물 주기와 잡초 뽑기를 게을리하지 않은 덕에 2년 후에는 회장님 저택이 부럽지 않은 잔디밭이 생겼다. 대신 콧잔등과 광대뼈를 주근깨에 점령당하고 말았다.

머위와 돌나물이 있던 울타리 주변으로는 장미 묘목을 심었다. 장미나무는 키가 크므로 밑동 주위로 다른 꽃을 심어야만 풍성한 정원을 만들 수 있다. 고심 끝에 붓꽃, 백합, 바늘꽃, 은방울꽃, 꽃양귀비를 사이사이에 심고 그 앞으로는 더 키가 작은 채송화와 다육식물을 키웠다.

최상의 정원을 위해서는 꽃의 키 외에도 고려할 것이 많았다. 샛노란 달맞이꽃이나 빨간 패랭이가 연하고 고상한 복숭아 빛의 로코코 장미 옆에 있으면 시선을 빼앗아 버린다. 달맞이꽃 대신 연한 빛의 디기탈리스나 황금조팝을 옮겨 심어 줘야 색이 조화로워진다. 꽃이 피는 시기도 저마다 다르니 봄 정원, 여름정원, 가을 정원을 따로 꾸미거나 어느 계절에건 정원이 휑하지 않도록 고려해야 한다. 꽃이 피는 계절에는 잠자기 전 침대에서 갖가지 정원배치도를 그려 보고 불을 끄고 누워서도 내일 옮겨 심을 나무를 생각하다 보면 어느새 새벽이 오곤 했다.

정원에서 보내는 시간이 길어질수록 피부는 거칠어지고 손끝마다 그을음이 달렸다. 구근이나 장미묘목, 씨앗이며 퇴비값도 만만찮았다. 하지만 신실한 신자에게 고난은 약속일 뿐, 황홀한 장미 정원의 영광에 비할 바가 아니었다. 나는 모자와 선크림도 잊고 그렇잖아도 노화가 급속한 중년의 피부를 마당에 냅다 헌납했다. 여름에는 마당에 나갈 때마다 모기의 수탈에 괴로웠다. 몇 해가 지나자 면역이 생겨 가려움과 붓기에 둔해졌다. 나는 이 기적을 거듭 이웃에게 간증했다.

이 비효율적인 일로 나는 놀라우리만큼 행복했다. 따스한 햇살을 등으로 느끼며 잡초를 캐고 새소리를 들으며 마음은 평화로 가득 찼다.

그즈음에는 거의 책을 읽지 않았다. 정확히는 읽을 수 없었다. 우울증 치료제로 훼손된 집중력이 여전히 회복되지 않았던 것이다. 정원중독자가 되고서 오랜만에 도서관 서가에서 책을 뽑아 들었다.

타샤 튜더의 책이었다.

'나는 사회 통념에 따라 사는 것 대신 나의 가치관에 따라 사는 삶을 택했습니다. 그래서 지금까지 재미있고 알차게 살아올 수 있었던 것 같습니다.'

'내 삶에서 가장 소중한 일은 마음이 채워지는 것입니다. 내게 주어진 운명, 내가 놓여진 환경에 만족하며 사는 것입니다.'

잘 알려져 있듯 타샤는 그림책으로 유명해졌고 그렇게 번 돈으로 광활한 시골땅을 샀다. 그곳에 작은 오두막을 짓고 전기도, 자동차도 마다하며 손수 정원을 꾸미고 양젖을 짜며 호수에 배를 띄우고 살았다. 자신이 좋아하는 옛날 옷을 입고 인형집을 만들며 나이 들어간 그녀의 글은 화려하지는 않지만 경험이 주는 설득력이 있다. 확고한 자신의 세계를 사랑하고 지켜 간 삶의 힘이었다.

그 봄의 어느 날, 그 정원 속에서 나는 아직도 스스로가 좋아하는 것이 무엇인지, 내가 어떤 사람인지를 모른다는 것에 문득 아연해졌다. 다른 이들이 옳다고, 멋지다고 여기는 사람이 되기 위해 너무 많은 시간을 낭비해 버렸음을, 우왕좌왕하느라 정작 나 자신에게 제대로 몰두한 적이 없었음을 그제서야 깨달은 것이다. 산속의 허술한 정원에서 느낀 평화는 내가 그렇게 보내버린 시간이 주지 못한 행복감을 주었다. 나는 그토록 열심히 구했던 행복을 아이러니하게도 모든 것을 버리고 한없이 쓸모없어 보이는; 그래서 가장 낮아 보이는 일에서 느끼고 있었다.

내가 좀 더 일찍 삶의 목표를 큰 집과 차가 아니라 평화롭고, 불안 없는 삶으로 수정했다면 어땠을까. 20대에 시골집에서 꽃을 가꾸며 글을 썼다면 어땠을까. 내가 경쟁에 힘겨워하는 사람임을, 다른 사람에게는 효율 없어 보이는 일에도 행복할 수 있다는 단순한 사실을 왜 이제서야 절감하는 걸까.

꽃과 흙, 나무와 새. 나는 말없는 그들이 좋았다. 이들을 성장시키고 도우며 그 말없는 존재들을 위로한다고 느꼈고 그로써 나 또한 위안 받았다. 혼자 말없이 흙을 파고 꽃을 심고 잡초를 캐고 있자면 많은 생각이 스쳤다. 내가 받은 상처와 내가 주었던 아픔에 대한 기억들이 떠올랐다 사라졌다. 그것을 곱씹으면 나를 만든 것들이 무엇이었는지 깨달을 수 있었다. 그것은 때로는 부모에 대한 것이기도, 친구에 대한 것이기도 했다. 외환 위기, 버블경제, 처음 취직했던 작은 번역회사, 가르쳤던 아이들, 아이 같던 연애, 엉망진창의 실수들이기도 했다.

햇살의 정원 속에서 밀짚 모자를 쓰고 흐르는 땀을 닦으며 그 모든 것이 흘러가 버렸음을 느꼈다. 그것은 다행인 일이기도 했다. 그 모든 것을 겪고 부대끼며 지나온 덕분에, 또는 그 때문에 나는 마흔의 어느 날 그 산골 언덕배기의 텃밭에 앉아 있는 것이었다.

그곳에서 나는 문득 안타까워졌다. 난 좀 더 일찍 나의 낌새를 알아채고 조금씩 삶의 방향을 틀었어야 했다. 내가 좋아하는 것에 귀

마을의 위로

를 기울이고 그것을 찾고, 나를 위해 그 일을 하면서 스스로를 안아주고 사랑해야 했다. 다른 사람들이, 회사가, 사회가 인정하는 일을 해내야만 한다고, 그러기 위해 나를 바꾸고 더 참아야 한다고, 나를 다그치기만 할 일이 아니었다.

정원을 가꾸고, 책을 읽고, 그림을 그리거나 도자기를 만지는 일은 내 인생에서 미뤄둘 만큼 부수적인 것이 아니었다. 이들은 내게 휴식과 평화, 행복을 주었고 생산을 위한 에너지를 만들었다. 그로 인해 나는 바른 곳으로 가고 있다는 자신감을 얻고 도약할 준비를 할 수 있었다. 내가 좀 더 현명했다면 모두에게는 저마다 다른 행복의 원천이 있음을 일찍 깨닫고 그것을 추구하는 데에 더 많은 수고를 쏟았을 것이다. 스스로를 위해 작은 평화의 시간을 만들고 그렇게 생긴 에너지를 더 즐길 수 있었을 것이다.

꽃과 나의 관계는 완벽했다. 스스로를 행복하게 하는 것은 머리가 아니라 몸으로 알 수 있었다. 정해진 것이라고는 없는 그 정원에서 혼자 흙을 개고 꽃을 바라보며 나는 그제서야 인정하고 싶지 않았던 것을 두 손발 다 들고 항복하며 받아들이는 중인지도 몰랐다.

하지만 밤이슬이 내릴 때까지 땅을 고르다 너무 평화로워서, 그 평화에 내가 더 바랄 것이 없어서 불안한 걱정이 피어오를 때가 있었다. 이러려고 잠을 쫓으며 공부하고 1주일에 사나흘씩 아르바이트를 하며 대학원을 다닌 게 아니었는데. 붐비는 지하철과 지루한 회식을 견딜 때에는 지금과 다른 삶을 꿈꿨는데. 그렇다고 대단한 직책이 아쉽진 않았다. 작은 정원만으로도 나는 적잖이 행복했다. 하지만 글을 쓸 수 없다는 것만은 답답했다.

아마도 많은 사람들이 그렇겠지만 나에게도 글을 쓰겠다는 결심을 하기까지의 과정이 간단하지만은 않았다. 우리 사회에서 글을 생업으로 하겠다는 것은 곧 다른 사람의 몇 분의 일, 또는 0에 수렴하는 수입을 각오한다는 말과 동의어다. 그럼에도 불구하고 그 길을 택한 이들에게는 크든 적든 스스로와 타인의 의문을 감수하겠다는 비상함이 있기 마련이다. 회사를 관두고 2년 동안 탄생이 불투명한 첫 책의 원고를 붙잡고 있던 나 또한 그랬다. 투자한 시간과 노력을 고려한다면 형편없는 생산성의 노동이었지만 매일 문장을 만들고 다듬는 일은 신기하리만큼 싫증나지가 않았다. 글을 쓸 때면 스스로가 치유되는 것을 느꼈고 그것으로 다른 이에게 도움이 되리라 믿었다. 글을 쓰는 동안만은 가감없이 내가 되는 것 같았고 목적한 바에 쓰이고 있다고 느꼈다. 난 그런 나를 좋아했다.

두 번째 책을 준비하고 있을 때 우울증이 찾아왔다. 한참 '세컨드 프로젝트'라는 이름의 엑셀파일을 만들고 참고문헌을 읽으며 셀을 채워 나가고 있었지만 우울증 치료제인 프로작을 복용하면서부터는 더 이상 파일을 열 수 없었다. 우울증 약은 외부의 자극에 반응을 무디게 하니 그 부작용으로 지적 의욕이나 흥미도 줄어든 듯했다. 글을 쓰는 것은 겨우 찾은 나의 정체성의 일부였다. 단지 호르몬의 불균형만으로 그것이 불가능해졌다는 것은 분한 일이었다. 하지만 당분간은 어쩔 수가 없었다. 지금 있는 것을 즐기는 것이 최선이었다. 열무씨가 그래도 된다고 단언하기도 했고.

마을의 위로

2부 ―

마을 세례기

마을 사용법

그해 봄, 학교를 파한 딸아이를 불러 집에 가자고 했더니 운동장 저만치서 꼬맹이 둘이 쪼르르 달려와 매달렸다. 딸아이와 같은 반 이란성 쌍둥이인 하린이와 하원이었다.

"아린이네 집에서 놀면 안돼요? 아린이네 집에는 한 번도 못 가봤잖아요."

"응? 그럼 다른 아이들네 집에는 다 가 봤어?"

"다는 아니고요, ○○랑, ○○랑, ○○네 집 빼고는 다 가 봤어요."

으응? 입학식 한 지 열흘밖에 안됐는데 이게 가능한 얘긴가?

세 꼬마를 차에 태워 집으로 가는 길에 같은 반 혜린이를 만났다. 차를 세우자 꼬마들이 차창 밖으로 고개를 내밀고 종알거린다.

"혜린아, 우리 지금 아린이네 가서 놀 거야. 너도 같이 가자."

차 꽁무니로 씽씽카를 달리는 혜린이가 따라붙었다.

아이들은 테라스의 그늘막 텐트를 보자마자 이불을 끌고 들어가 속닥거리기 시작했다. 한참 후에야 텐트를 열고 뛰어나온 아이들은 제비꽃과 씀바귀 잎을 돌에 빻고 모래떡을 만들었다. 아이들의 소꿉놀이가 시들해질 즈음에 어제 사 둔 마가렛 모종판을 들고 나갔다.

"아줌마랑 같이 꽃 심을까?"

모종통을 털어 주니 아이들은 정원에 흙을 파고 꽃을 심어 다독거렸다.

대학 졸업 후 학교 기숙사를 떠나 직장 가까운 원룸으로 이사 가던 날, 용달 트럭 조수석에 앉은 나는 작은 마가렛 화분을 안고 있었다. 내 갑상선 호르몬 수치에 영향을 미쳤던 회사의 책상 위에도 봄마다 마가렛 화분을 올려 놓고 물 주는 것을 잊지 않았다.

화분에 담긴 마가렛꽃은 봄 한철 핀 후 시들어 버리지만 땅에 심으면 그중 몇 그루는 씨를 남겨 그해 가을에도, 다음 해에도 다시 잎과 꽃이 자란다. 정원에서도 바람 잘 불고 볕 좋은 자리를 골라 모종을 심고 물을 뿌리자 나도, 꽃도 제자리를 찾은 듯해 마음이 좋았다.

해질녘에야 아이들을 집에 바래다주었다. 아이들은 10년 사귄 사이처럼 하루를 놀았다. 우리 집에 온 최초의 마을 손님들이었다.

이웃이라는
우주

몇 주 후, 아이를 학교에 보내고 늘 그렇듯 갓 심은 잔디밭의 잡초를 뽑으며 희열을 만끽하고 있을 때였다. 전화벨이 울렸다.

"아린 엄마, 나랑 산책할래?"

학교 운동장에서 본 적 있는 같은 반 민찬이 엄마였다.

"좋죠."

이사 온 후로 도통 운동을 하지 않아 다리가 지느러미가 될 지경이었다. 어떻게든 몸을 움직여야겠다고 마음먹은 참이었다.

마을의 산비탈에서 그녀를 만나 골목길을 내려오며 이런저런 얘기를 나눴다. 봄바람 속을 사박사박 걸으며 기분이 좋았다. 주변의 단독주택들을 가리키며 그녀가 말했다.

"여기는 준석이네 집이고, 저기는 혜린이네 집이야. 그 아래 하늘색 집에는 성준이네가 ….."

민찬이 엄마는 걸음을 멈추고 준석이네 집이라는 곳을 기웃거리며 말했다.

"준석 엄마 집에 있을래나? 차가 있는 걸 보니 안 나간 모양인데. 같이 가 볼래?"

미처 답을 하기도 전에 그녀는 목청껏 소리치기 시작했다.

"준석아! 준석아!"

그렇게 산책은 10여 분만에 마무리되었고 그날 오전 내내 준석이네에서 수다를 떨었다.

해가 잘 드는 준석이네 거실 한 켠에는 턴테이블과 엘피판이 놓여 있었다. 식탁에 앉아 준석 엄마는 아침 빈 속에 커피를 찾는 나와 민찬 엄마에게 "언니 그러면 안 돼요"라며 차를 권했다. 약사인 그녀는 막 초등학교를 입학한 아들을 위해 잠시 일을 쉬는 중이라 했다. 나중에 알고보니 그녀는 '약은 독'이라든지 '제약회사를 고발한다'와 같은 내용의 책을 즐겨 읽고 내게 "언니는 혹시 아프면 병원 말고 한 의원에 먼저 가세요"라는 생계에 도움될 리 없는 언행을 일삼았다. 환경을 생각해 세제 없이 설거지를 하며 벌써 세 자릿수 곱셈을 암산 으로 푸는 1학년 아들에게 한사코 영재교육을 마다하고 있다는 것도 그날 알았다.

다음 날은 혜린이네에 가서 내킨 김에 준석이 엄마도 불렀다. 혜린이네 아빠가 마당에 쳐 놓은 그늘막 아래에는 장난감과 잠자리 채가 놓여 있었다.

"남편이 시골에서 살고 싶어해서 이 마을로 이사 왔어요. 전셋집 이 없어 1년 가까이 여러 번 부동산을 오가며 이 집을 얻었어요."

나보다 열 살쯤 어린 혜린이네 집에서는 바지런한 젊은 가족의 냄새가 났다.

쌍둥이네 마당에는 그네와 닭장이 있었고 소파와 장식장 같은 가구가 모두 페인트칠을 하지 않은 원목이었다.

"큰아이 아토피가 너무 심해 가구를 원목으로만 샀어."

쌍둥이네는 광활한 농사를 지으며 봄이면 아빠가 생일선물로 아이들에게 병아리를 선물해 준다고 했다.

그 다음 주에 간 지은이네 집에는 나이들어 귀가 어두운 코카 스패니얼 한 마리와 종을 알 수 없는 덩치 큰 검둥개 두 마리, 오드아 이의 터키 고양이 한 마리가 있었고 거실의 새장 안에는 예닐곱 마리의 크고 작은 새들이 노닐고 있었다.

민찬이네 놀러 간 날엔 민찬이가 몇 년동안 만들었다는 도예 작품도 구경하고, 작년 학부모회 엄마들을 불러 얘기도 했다. 따스한 햇살 아래 놓인 해먹에 누워 마을 사람들과 가래떡을 먹었을 뿐인데도 학교와 마을의 대소사가 요약됐다.

마을의 중심 도로에서 보면 눈에 잘 띄지 않는 곳곳의 작은 골목에는 단독주택들이 옹기종기 모여 있다. 이 마을은 산세가 높고 험해 예로부터 외진 곳이었다. 마을 사방이 신도시나 아파트 단지로 개발되었음에도 이곳만은 제외된 것도 산이 높고 험해 택지 조성이 어려운 탓이었다. 마을은 그렇게 개발에는 뒤쳐졌지만 비교적 도시와 거리가 가까웠으므로 타운하우스, 또는 땅값이 오르기를 기다리며 지은 전원주택이 속속 들어섰다. 이 마을에는 나처럼 작은 시골학교를 찾아온 가족이 꽤 많았다.

당연한 일이지만 모두가 갑작스런 아침 방문을 반기는 것은 아니었다. 하지만 한두 집을 제외하면 그들은 마치 이름이 불리기를 기다렸던 꽃송이들 같았다. 이웃은 불이 붙기를 기다렸던 숯덩이들처럼 따뜻한 차를 들고 와 묻어 두었던 이야기를 꺼냈다. 비슷한 고민과 고만고만한 행복을 가진 사람들, 그들의 솔직한 이야기들로 마을의 부엌은 금세 데워졌다. 남들과 조금 다른 삶을 선택한 이들이라서인지 그들과의 조우는 광활한 우주를 유영하는 듯한 기분이 들었다. 아파트와는 달리 비슷한 구석이 많지 않은 집과 마당은 실제로 그들의 작은 우주이기도 했다. 그곳에는 수많은 가족들이 지지고 볶으며 사

47

는 삶의 냄새가, 가치관이 배어 있었다. 대문을 두드리기만 해도, 목청껏 이름을 부르기만 해도 그 우주가 내 앞에 펼쳐졌다. 다들 한곳만 바라보며 사는 듯하지만 사실은 저마다 자신의 고집으로 생을 걸어가고 있는 것이다. 직접 보지 않았다면 이웃이 얼마나 다채로운 삶을 살고 있는지 알 수 없었을 것이다.

'먼저 두드리면 내치는 사람보다는 웃으며 문을 열어 주는 사람이 많다는 것을 좀 일찍 배웠다면 좋았을 것을….' 그해 봄에 이런 생각을 했다. 스무 살 적에, 열다섯 살 적에 좀 더 일찍 용기 내어 사람들을 많이 만났다면 그럴 수 있었을 텐데. 무슨 중요한 일을 하느라 그럴 기회조차 없이 나이를 먹어 버렸는지 모를 일이다. 아쉽긴 했지만 늦게나마 그 공고해 보이던 이웃의 벽이 바스라지는 경험을 할 수 있어 다행이었다.

이 게으른 산책은 몇 달간 계속되었다. 띄엄띄엄 이웃의 집을 방문하기도, 우리 집에 사람들을 초대하기도, 문 열기 전의 도서관에서 이야기를 나누기도 했다. 민찬이 엄마는 한 해 전 이 마을로 이사 와서 아이를 초등학교의 병설유치원에 보냈다. 1년 동안 유치원의 학부모회 일과 작은 도서관의 자원봉사까지 한 덕분에 마을에 아는 사람이 많았다.

도통 주변머리가 없는 나는 어디서든 쉽게 사람을 사귀지 못하는 편이다. 하지만 다행히 종종 발이 넓은 사람들과 친해져 그들 건너건너 사람들을 사귀었고 그 덕에 지금껏 면벽 신세만은 면할 수 있었다. 이번에도 발 넓은 민찬이 엄마가 손을 내밀어 주었던 것이다.

예전 살던 곳에서는 다른 사람을 집에 초대하고 방문하는 것이 꽤 복잡한 일이었다. 집에 놀러 오라는 것이 빈말은 아닌지 헤아려 보고, 집주인은 흉잡히지 않을 만큼 집을 청소하고 차와 음식을 준비해야 하며 방문객도 그에 뒤지지 않을 선물을 들고 초인종을 눌렀다. 그런데 이 마을에서는 어린 시절 대문 앞에서처럼 "누구야, 놀자아" 하는 것으로 절차가 끝났다.

그렇게 시작된 대화 내용은 소소하기 그지없어서 주로 새로 짓는 건물에는 한정식집이 들어올 예정이라거나, 마을에 떡집이 없으니 누가 차리라는 등, 최근 집을 구한 누구누구에 따르면 값이 얼마나 올랐다거나, 그 집은 지열보일러도 놓고 잘 지었으나 북향이라 좋지 않겠다는 둥, 자식 얘기, 남편과 시댁 얘기 등이었다.

그렇게 수다를 떤 날 저녁이면 나는 남편에게 "오늘 희진이 엄마한테 들었는데 말이지"로 시작하는 뉴스를 풀어놓곤 했다.

"희진이 엄마가 누군데?"

"버스정류장 내려가는 길에 장미덩쿨 있는 집이라니까. 맨날 말해 줘도 잊어먹더라."

"응. 그런데?"

"그 밑에 슈퍼마켓 없어지고 그 자리에 뭐 들어오는지 알려 줬어."

"그래?"

"슈퍼마켓 아들이 옆 동네 아파트 단지에서 치킨집 하다 접었대. 대신 그 자리로 들어온다더라."

"드디어 이 동네에 치킨집 생기는 거야?"

"아줌마들 카톡방에 난리 났어. 오픈날 언제냐고. 그런데 성수네가 걱정이지."

"성수네는 누군데?"

"그 슈퍼마켓 건물 3층에 살잖아. 전에 희진이네 집에서 우리랑 고기도 구워 먹었잖아."

"그랬나?"

"치킨집 생기면 기름 냄새 때문에 이사 갈까 생각 중이라더라. 아, 우상이네가 애 졸업하고 이사 간다던데. 그 집 알려 줘야겠다."

사실 어느 집에 누가 사는지나, 치킨집이나 식당이 생기고 없어지는 것이 남편과 나의 인생에 큰 의미가 있을 리 없었다. 그럼에도 나는 낮에 들은 마을의 뉴스를 남편에게 종알거렸고 남편은 무심한 척하면서도 귀를 기울였다. 그것은 그 정보의 질이 나라를 구할 만큼 대단해서가 물론 아니었다. 이 일에는 무채색의 의미 없는 건물들이 '내가 아는 누구의 집'으로 의미를 가져가는 즐거움이 있었다. 섬처럼 살아오던 우리 가족에게 다른 존재의 체온이 느껴지는 과정이기도 했다.

돌이켜보면 이상한 산책이 시작됐던 그날 아침, 준석이네 울타리 앞에서 쭈뼛거리며 서 있던 때가 내 인생의 터닝포인트였다. 난 콰이강의 다리 앞에, 갈라지기 직전의 홍해에 서 있었다. 이전 같은 혼자의 삶으로 다시 돌아갈 수 없을 것도 그때엔 짐작치 못했다.

3월의 하루는 산책을 쉬고 규나네 집에서 초등학교 1학년 반 모임에 갔다. 내가 도착했을 때에는 규나네 땅콩집 거실에 엄마들 열댓 명이 앉아 있었다. 엄마들은 싸들고 온 먹거리 한두 가지를 풀어놓고 엉덩이가 바닥에 닿기도 전에 밑도 끝도 없는 수다를 시작했다. 그녀들의 수다는 타이가 숲처럼 광활했고 아라비아 왕도 미혹시킬 만큼 분방했다. 우르르 식당으로 몰려가 함께 점심을 먹고 믹스커피 한잔을 할 때까지 이야기는 끊이지 않았다. 덕분에 난생 처음 보는 이들과도 금세 친해졌다. 경험상 우리나라의 중년 여인들은 게슈타포와도 같이 중반 한 끼면 친구가 될 만큼 대단한 친화력의 소유자들이다. 세계 평화와 인류 공영에 이바지할 이들의 능력을 세상이 몰라주니 안타까울 뿐이다.

반 모임은 항상 수업이 파했다는 아이들의 전화벨로 끝이 났다. 아침 아홉 시부터 오후 세 시까지 이어진 회동 덕분에 놀러 갈 집이 더 많이 생겼다. 내킨 김에 다음 모임은 우리 집에서 하기로 했다.

딸이 다니는 초등학교에는 한두 달마다 반 모임이 있었다. 이 학교에 처음부터 정기적인 반 모임이 있었던 것은 아니다. 한 해 전 초등학교 유치원 교실에 난방이 되지 않았던 사건이 계기였다. 추위에 떠는 아이들을 보다 못한 엄마들이 학교에 항의했으나 문제가 해결되지 않았고, 그 후에 제대로 학부모회를 만들기로 의견이 모아졌다. 다음 해부터는 유치원뿐 아니라 초등학교에도 반 모임과 매월 반 대표 회의가 정착되었다. 학부모회 일로 자주 만났던 학부모들도 왕래가 잦아졌다.

이 마을은 길이 엉망이라 아이들이 걸어서 학교에 가기 어려웠다. 마을버스도 드문드문이어서 이곳에 사는 동안은 꼼짝없이 매일 아이를 차로 통학시킬 수밖에 없었다. 도보로 통학 가능한 몇 집 외에는 사정이 다들 비슷해서 수업이 끝날 즈음이면 픽업을 기다리는 부모들이 운동장에서 서성였다. 학생 수가 100명이 넘지 않을 때였으니 학부모들은 반 모임으로, 마을 이웃으로도 낯이 익었다. 특히 1, 2학년들은 아이도, 엄마도 운동장에서 오래도록 떠나지 않았다. 아이들은 공을 차거나 그네를 타며 놀았다. 봄이면 모래밭에 꽃을 뿌리고 가을이면 운동장에 떨어진 잣을 주워 돌멩이로 까먹었다. 집에 가자며 아이 채근하기를 포기한 엄마들은 챙 넓은 모자를 쓰고 운동장 가장자리의 벤치에, 은행나무 그늘 돌덩이 위에 주저앉아 서로의 얼굴이 가물가물해질 때까지 이야기를 했다.

아이를 입학시키고 한 학기가 지나갈 즈음에는 나도 운동장에서 만나는 학부모의 대부분을 알게 되었다. 사람뿐 아니라 낯익은 차들도 많아졌다. 기회만 있으면 가차없이 추월하는 현준이네 핑크색 모닝, 서연이네의 푸른 스파크, LG트윈스 마스코트가 달려 있다면 은뎅이네 차, 꽁무니에 생채기가 있는 한영이네의 푸른색 프라이드에 채은이네 포터 트럭까지… 정들 일 없을 것 같던 비포장도로 위로 꼬리를 물며 미등을 깜박거리는 친구들의 차를 보기만 해도 왠지 웃음이 났다.

어쩌면
스머프 마을

오늘도 집에 놀러 온 꼬마들을 바래다주고 주차를 하는데 앞집

사는 건우와 현우 형제가 골목으로 뛰어나왔다. 건우는 딸아이와 같은 반이었다.

"아줌마 이거 봐-요. 멋지지요우!"

건우 아빠가 헬멧에 랜턴을 달아 준 모양이었다. 두 녀석이 이마에 주먹만한 전등을 깜박거리며 가로등 켜진 골목을 질주하자 딸내미도 득달같이 씽씽카를 챙겨 뛰쳐나갔다.

"아줌마, 사과주스 주세요!"

넉살 좋은 현우는 시도 때도 없이 현관문을 벌컥 열고 들어오며 소리쳤다. 제집인 양 냉장고를 뒤져 아이스크림이 없으면 나한테 역정도 냈다가, 우유나 주스 한 잔을 벌컥벌컥 마시고는 딸아이와 골목으로 달려나갔다. 주말 아침을 먹을 때면 딸은 골목길에서 나는 소리에 귀를 쫑긋거렸다. 그러다 건우와 현우가 자전거를 끌거나 캐치볼을 하는 소리가 들리면 맨발로 테라스로 달려나갔다.

가끔 음식을 넉넉히 만들 때면 "이거 옆집에 좀 갖다 주고 올래?" 하고 아이에게 심부름을 시켰다. 심부름을 간 딸아이가 곧바로 돌아오는 일은 거의 없었다. 딸은 오랫동안 오지 않거나 다른 아이까지 데리고 돌아오곤 했다. 아이들은 자전거와 씽씽카를 타고 1킬로미터 정도 떨어진 같은 반 상원이네 집까지 자주 오가며 놀았다.

"엄마, 오늘은 상원이네까지 열두 번 왔다 갔다 했어."

상원이가 1년 후에 전학 가지만 않았어도 아이들을 철인3종 선수로 키울 수 있었을 텐데.

건우네나 상원이네와 친해지기까지는 시간이 조금 걸렸다. 처음 이사 왔을 때엔 아이가 입학 전이어서 교류가 거의 없었다. 가끔 마주치면 인사나 할 뿐이었다. 그들이나 우리나 서로를 평가할 만한 것은 집 앞에 주차된 차종이나 입고 있는 옷이 그럴듯한지, 쓰레기 분리수거를 제대로 해 내놓는지, 담 넘어 고성이 넘어오지 않을 만큼의 교양은 갖추고 있는지 뿐이었다. 나중에 알고 보니 건우네도 주말마다의 왁자지껄한 집들이와 재활용 쓰레기로 몇 자루씩 나오는 술병으로 우리를 판단했다고 한다. 그대로였다면 아마 고깃불을 피울 때마다 생각나는 사이가 되기는 힘들었을 것이다. 아이가 입학해 반 모임을 하고 운동장에서 자주 만나고 나서야 우리는 서로에게 즐거운 존재들이 되었다.

건우네 옆집에 사는 예일이 엄마는 마을의 작은 도서관에서 처음 만났다. 예일이가 학교를 다니지 않았으니 도서관이 없었다면 역시 친해지기 어려웠을 게다.

이 마을의 도서관은 가 본 중 가장 시끄러운 도서관이었다. 그곳에서 자원봉사를 하는 엄마들조차도 "사실 책을 읽으러 오는 건 아니죠"라며 머리를 긁적였다. 도서관의 주 이용자는 마을의 초등학생과 그 엄마들이었는데, 아이들은 대부분 문을 열고 가방만 던져 넣은 후 몸은 들어오지 않았다. 그리고 도서관 마당에서 소꿉놀이나 축구, 딱지치기를 하거나 나무를 기어오르고 겨울에는 썰매를 탔다. 너무 춥거나 덥거나 비가 오는 날이면 아이들은 억울한 얼굴로 도서관으로 들어오긴 했지만 책을 읽기보다는 팽이를 돌리느라 시끄러웠다. 그렇다고 엄마들이 아이들에게 조용히 하라고 큰소리 칠 형편도 아니었다. 이미 더 높은 데시벨로 떠들고 있었을 확률이 높았기 때문이다.

이사 온 첫해의 긴 겨울, 무료했던 아이와 나는 눈밭을 걷고 마을버스를 기다려 도서관에 들렀었다. 길이 미끄러워 내 경차로는 올 수 없었다. 도서관 안에는 훈기가 돌았고 둘러앉은 사람들은 도란도란 이야기를 나누다 까르륵 웃기도 했다. 바느질을 하는 사람도, 아이에게 책을 읽어 주는 엄마도 있었다. 따뜻해 보였지만 나와 딸은 그곳에서 이방인일 뿐이었다. 제대로 말 한 번 섞어보지 못한 채 구석 서가에서 책만 몇 권 골라 들고 돌아왔다.

아이의 입학 후에 다시 들른 도서관은 그때와는 달랐다. 아이는 반 친구들과 목련과 제비꽃으로 '봄 기분 스파이시 초밥'을 만들었고 난 겨우내 부러웠던 여인네들처럼 도서관 나무책상에 둘러앉아 깔깔거렸다. 그즈음 바느질을 하고 있던 예일이 엄마를 소개 받고 그녀가 우리 건너편 집에 산다는 것도 알았다.

"언니 그때 쥐 인형 만들고 있었잖수."

"아니, 그거 토끼…."

알고 보니 예일이네 엄마는 인형작가이자 멋진 영국식 정원의 주인, 그리고 열한 마리 고양이의 집사였다. 그녀가 꾸민 정원과 핸드메이드 인형에 반한 나는 틈만 나면 그 집에 놀러 갔다. 마을에서 둘째 해 봄과 여름은 예일이 엄마와 서로의 마당에 쭈그려 앉아 블루 문 장미 옆에는 보라색 독일 붓꽃이 어울릴지, 샤를 드골 장미가 어울릴지 따위를 얘기하며 보냈다. 마당의 잡초에 대한 저주와 비난을 일삼다가 가끔은 같이 가방이나 인형을 만들기도 했다. 테이블에 쌓인 천과 실패를 한쪽으로 밀치고 서로의 냉장고에서 꺼낸 반찬으로 점심을 먹고 어쩌다가 마음 맞는 곳으로 차를 몰아 라벤더나 플록스 쇼핑을 가기도 했다.

동네 엄마들끼리 친해지고 자주 오가면서 예일이네 엄마는 종종 아이들의 그림대로 천을 잘라 헝겊인형을 만들었다. 아이들과 언니가 인형을 만들 동안 나는 집에서 제일 큰 냄비를 꺼내 카레나 볶음밥을 만들었다. 그리고 예일이네 집에서 인형 만들기가 끝나면 우리 집에서 다 같이 저녁을 먹었다. 예일이 엄마는 저녁을 해결해 좋았고 나는 바느질 수업을 공짜로 시킬 수 있어서 좋았다. 어느새 퇴근하고 돌아온 남편은 거실에 아이들이 한 무더기 들어차 있어도, 현관문이 왈칵 열린 채 온 집이 텅 비어 있어도 놀라지 않았다.

그즈음 딸아이가 학교에서 마을지도를 그린 모양이었다. 딸의 지도에는 세모 지붕을 한 우리 집과 옆집 수지네(귀촌한 할아버지와 할머니가 사는 집으로 키우는 강아지 이름이 '수지'다), 건너편 건우네, 그 바로 옆에 예일이 집이 나란히 있었고, 꾸부렁 길을 따라 혜린이네와 상원이네, 마을에서 유일하게 아이스크림을 살 수 있는 구멍가게 겸 철물점, 그리고 산딸기밭이 그려져 있었다.

그해 봄에 딸아이와 상원이네 집에 놀러 가다 길가에 절로 자란 산딸기 열매를 따 먹은 적이 있다. 어릴 적 시골마을 밭두렁에서 산딸기를 친구들과 앞다투어 먹었던 기억에 무언가 감격스러웠는데 아이에게도 기억에 남았나 보다. "딸내미가 스머프 같은 지도를 그렸어"

하며 남편에게도 보여 주었다.

　도시에서 자랐다면 아이의 지도에는 낯선 이의 세탁소와 편의점, 문방구와 슈퍼마켓이 그려져 있지 않았을까? 그보다 의미 있는 친구와 추억이 들어 있는 지도를 보며 새삼 마을이 나와 아이에게 베푸는 것들이 느껴졌다.

마을의
계산법

　전원주택의 로망을 산산이 부서뜨리는 녹색 철망 울타리에도 장점이 있다. 싫든 좋든 이웃과 얼굴을 맞대게 해 주는 것이다. 키를 넘지 않는 울타리 덕에 텃밭에서 감자를 심다, 화단의 돌을 나르다, 주차를 하다 이웃들은 서로 자주 눈인사를 했다. 덕분에 굳이 소개하지 않아도 뉘집 아이인지 짐작을 하고 알은체 할 수도 있었다. 그렇게 낯이 익으면 울타리 너머로 다양한 물건들이 오가기 시작했다. 냉장고에서 생을 마감할 뻔했던 사과나 참외, 텃밭의 상추와 고추, 심고 남은 고구마순, 마당에 넘쳐나는 샤스타 데이지꽃 같은 것이었다.

　처음엔 같은 학교 엄마나 이웃이 건네는 물건을 받으면 그 값어치를 따져 보고 비슷한 값의 물건을 되돌려 주었다. 사과 두 알에는 감자 다섯 알, 빵 한 봉지에는 카레 한 냄비… 가뜩이나 셈이 느린 나는 그 수고가 힘들어 차라리 안 받고 안 주는 게 마음 편하겠다 싶기까지 했다. 그러다 오가는 것의 종류와 빈도가 너무 많아지자 계산을 포기할 수밖에 없었다.

'에라 모르겠다. 없으면 받고 있으면 주는 거지 뭐.'

알고 보니 그것이 마을의 계산법이었다. 여러 계절을 보내며 나도 이 계산법에 익숙해졌다. 넘쳐나는 텃밭의 채소나 너무 많이 담근 레몬청은 봉지에 나눠 담아 아침에 무작정 차에 실었다. 그리고 그날 만나는 마을 사람 중에 필요한 이들에게 들려 보냈다. 나만 그런 것이 아니어서 도서관의 책상에는 '필요하시면 가져가세요'라는 포스트 잇이 붙은 물건들이 종종 놓여 있었고, 나 또한 밑반찬과 식재료, 아이의 옷과 학용품 같은 것을 자주 받아들고 왔다. 오늘 놀러간 집의 식탁에는 어제 내가 받은 것과 같은 맛의 콩자반이 있기도 했다.

이들도 처음에는 아마 '현우네가 콩자반을 주었으니 그 보답으로 내가 상추를 주리라'는 계산을 했을 것이다. 하지만 아침에 현우네에서 콩자반을 받았는데, 점심 때 경희 언니가 아이의 옷을 물려주고, 오후에 지민이네 부엌에서 부침개를 나눠 먹고, 저녁나절에 은뎅이가 나 대신 학교에서 아이를 데려와 주는 삶을 살다 보면 계산은 불가능에 가까워진다. 답은 불특정 다수에게 베풀고, 내가 필요할 때에 불특정 다수에게서 받는 것이었다. 이 마을에 만연한 나눔의 습성은 부분적으로 중년부인들의 기억력과 수리 능력의 퇴행 탓이기도 했다.

이 마을엔 없는 것이 많았다. 소아과나 치과, 문방구가 없었고 다른 동네에서는 너무 많아 심란하다는 프랜차이즈 마트나 빵집도 생기지 않았다. 갓 이사 갔을 때만 해도 마을에는 세탁소와 구멍가게, 이름은 '25시 편의점'이지만 밤 열 시면 문을 닫는 편의점이 하나씩 있을 뿐이었다. 마을에 400여 가구뿐이었으니 웬만한 가게는 수지가 맞을 리 없었다. 도시의 친구들은 "마트가 없는데 괜찮아?" 하고 묻곤 했지만 마을에서의 삶은 의외로 그다지 불편하지 않았다. 다른 해결책을 알게 된 덕분이었다.

가만 보니 이 동네 아줌마들은 꿀이나 들기름이 필요하면 마트에 가는 것이 아니라 경희 언니에게 전화를 했다. 경희 언니는 근처 밭에서 양봉을 하고 농사도 짓는다. "언니, 들기름 한 병 주세요. 내일 아침 학교 앞에서 만나요"라는 통화 후 다음 날 초등학교 정문 앞에 세워진 차창 너머로 기름병이 오갔다.

경희 언니네 밭 한가운데에는 손수 페인트칠하고 테라스를 놓은 파란 컨테이너가 놓여 있다. 컨테이너 안에는 농기구와 옥수수 모종이 아니라 초벌구이 도자기와 미술도구가 가득 차 있다. 난 그곳에서 언니의 어깨 너머로 도자기 핸드페인팅을 배웠다. 수강료 대신 어질러진 컨테이너 안을 몇 번 비로 쓸어 주거나 친정엄마가 담근 간장을 갖다 주었다. 여름이면 언니는 감자밭 옆에 한강 수영장이 부럽지 않을 만큼 엄청난 크기의 비닐풀장을 만들었다. 아이들은 풀장에서 여름 내내 질리도록 물놀이를 했다. 입술이 퍼래지면 아이들은 물에서 나와 언니의 애완 닭을 구경하거나 밭두렁의 자두를 따 먹었다.

오이지를 담그거나 고구마가 먹고 싶을 때면 영이에게 연락하면 된다. 영이는 초등학교 때부터 이 동네에서 살았고 그녀의 부모님은 비닐하우스 농사를 지었다. 영이네에서 오이를 사면 못난이 오이한 봉지를 더 들려주었다. 동네의 폐가와 문 닫은 박물관에 어떤 사연이 있는지 가르쳐 준 것도 영이다.

학교 가까이에는 천연화장품 공방을 하는 지원이 엄마가 산다. 온몸에 이유 모를 두드러기가 났던 지난해에 지원이네 캐모마일 로션 덕을 톡톡히 봤다. 그 옆집 선아네는 인형작가인데 그녀의 인형은 선물로 인기가 좋았다. 아이와 엄마들은 도예도 마을에서 배웠다. 마을 사람들이 가는 도예공방에는 대부분 간판이 없고 선생님들은 1주일에 이틀이나 사흘만 수업을 했다. 반디마을에 사는 도예 선생님의 남편은 동화작가다. 그는 틈틈이 동네에서 글쓰기 강좌를 한다.

한일이 엄마는 마을 사람들만 알고 있는 물놀이하기 좋은 계곡을 알려 주었다. 여름에 친척들이 왔을 때 우리는 이 비밀의 계곡으로 몰려갔다. 계곡에 발을 담그고 된장을 풀어 피라미를 잡으며 한가로운 여름 나절을 보낼 수 있었다.

산꼭대기 아래에는 한우리마을이 있고 그곳에는 단지 언니네가 있다. 단지 언니는 집 뒤쪽 공터에 데이지 씨앗을 뿌려 꽃동산을 만들어 놓았다. 갓 이사 온 지민이 엄마가 "데이지꽃 너무 예쁘지 않아요? 모종 한 판에 얼마나 할까요?" 하길래 "응? 이 동네에서는 데이지 사는 거 아닌데" 하며 자동차 트렁크에 삽과 자루를 싣고 같이 단지 언니네 뒷동산으로 갔다. 지난해에 나도, 연우네도, 경희 언니도 그런 식으로 마당에 샤스타 데이지 정원을 꾸몄다. 데이지꽃을 볼 때마다 함께 꽃을 파고 옮겨 심었던 그 늦은 봄날의 친구들과, 해마다 데이지가 피면 나를 떠올려 주는 지민이 엄마가 생각난다.

내가 "함박 스테이크에는 어느 부위 고기를 써야 돼?"라고 묻자 그녀들은 "이런, 정말 아무 것도 모르네" 하며 "코스트코 다짐육"이라는 정답을 알려 주었다.

"응급실 갈 일이 있으면 서울대병원으로 가면 안 돼. 거긴 사람이 많아서 진 빠지게 기다려야 해. 재생병원으로 가면 응급실이 한가해" 라든가, "교통사고가 나서 드러누울 일이 있이 생기잖아? 그럼 ○○동 뼈바른정형외과로 가. 그 방면에 전문이야"라고 알려준 것도 그녀들이었다.

"근처 소아과 어디가 괜찮아?"라고 물으면 어느 소아과 원장이 뉘집 여인과 인정받기 어려운 행각을 벌였는지 같은 흥미로운 뉴스까지 덤으로 들을 수 있었다. 같은 반 엄마들이 모인 단체 카톡방에는 어디에 저렴한 헬스클럽이 생겼다든지, 3만 원짜리 세팅 파마를 할 수 있는 미용실이 어디인지, 그 미용실 옆에 세 시간 무료 주차를 할 곳이 어딘지 등에 대한 얘기가 오갔다. 인터넷 카페를 헤맬 필요가 없었다.

커피포트에 물을 끓여 봄동을 데치는 야매 요리법도, 영이가 부모님이 손수 만든 도토리가루를 판다는 것도, 그걸로 도토리묵을 맛있게 만들려면 물과 1대 8 비율로 끓여야 한다는 것도 그녀들이 가르쳐 주었다. 우리는 봄이면 꽃씨를 나누고 여름이면 오이지를, 가을엔 레몬청과 청귤차를 함께 담갔고 겨울엔 난롯가에서 만두를 빚었다.

"마누라!"

테니스를 치고 온 남편이 현관문에 몸을 기댄 채 얼굴을 찡그리고 있었다. 허리를 제대로 다친 모양이었는데 하필 일요일이라 낭패였다. 급히 은뎅이에게 전화를 걸었다.

"남편이 제대로 걷지도 못하네. 혹시 원장님 집에 계시니?"

그날 한의사인 은뎅이 남편은 기어서 들어와 걸어서 나가는 기적을 보여 주었다.

마음이 괜히 안 좋은 날에는 연우네에 전화를 했다.

"뭐 하냐."

"널부러져 있지."

"놀러 갈게."

"그려."

어떤 날은 나에게 전화가 왔다.

"언니 뭐 해."

"널부러져 있지."

"우리 집으로 와. ○○랑 ○○랑 ○○ 있어."

"그래."

전화를 끊은 나는 냉장고 문을 열어 나눠 먹을 만한 것이 있으면 있는 대로 챙겨, 없으면 없는 대로 친구의 집으로 향했다.

'괜찮아?'라고
마을이 물었다

마을에서 산 지 1년쯤 되었을 때 택배 아저씨로부터 문자 메시지를 받았다.

"문이 열려 있길래 닫아 드렸습니다."

아차, 또 현관문을 벌컥 열어 둔 채 나왔나 보다.

"이 산 꼭대기까지 물건을 훔치러 올 열정이 있는 도둑이라면 뭐라도 가져갈 만한 자격이 될 거야."

메시지를 보며 같이 앉아 밥을 먹던 동네 아줌마들에게 능쳤다.

"하긴, 나도 되게 오랫동안 문 안 잠그고 다녔어. 그때에는 번호키가 없어서 열쇠를 가지고 다녀야 했거든. 귀찮아서 그냥 문을 안 잠궜는데 아무 것도 안 훔쳐가더라."

한영이네 엄마가 말했다.

"은뎅이네 봐. 그 집도 맨날 현관문 열어 두잖아. 다들 어지간히 가져갈 것도 없는 동네인가 봐. 깔깔."

자동차 문도 비슷했다.

"언니, 차 키가 꽂혀 있는데?"

"응, 그거 일부러 그런 거야. 키 빼면 잃어버리거든."

"엉, 우리 남편이랑 똑같네."

이는 한계를 알 수 없는 내 건망증 때문이기도 했지만 따지고 보면 이 동네에서 누군가 남의 자동차를 훔쳐갈 가능성이 희박하다는 것을 체득한 때문이기도 했다. 내 경우에도 그다지 욕심날 만한 차를 가지지 않은 자의 배짱 뿐 아니라, 세상에는 착한 사람들이 가득하다는 믿음이 있었다. 행여나 10년 된 경차를 선호하는 특이 취향의 도둑이 내 차를 몰고 간다 하더라도 얼마 못 가 마을 친구로부터 "언니 차 몰고 가는 그 사람은 누구야?"라는 제보를 받을 것이었다. 익명과 무관심이 가득찬, 흔한 도시를 두고 굳이 이 마을에서 자동차를 훔칠 도둑이 존재할 가능성은 낮았다.

사실 자취생 시절에 도둑이 든 경험이 있던 나는 한동안 집에 누군가가 침입하는 악몽에 시달리곤 했다. 그런데 얼마 전 "주택에서 사는 거 무섭지 않아?"라고 묻는 친구에게 "그러게, 이상하게 여기에서 오히려 문단속을 잘 안 하게 되더라. 현관문 안 잠그고 나오는 날도 많고 테라스 창문은 맨날 열어 둬"라고 말했다. 나는 어느새 많이 변했나 보다.

한번은 아침 통학길에 학부모 중 한 명이 가벼운 자동차 접촉 사고가 난 적이 있었다. 사고 현장을 지나던 한 지인이 차를 세우더니 "무슨 일이야?" 하며 차문을 열고 내렸다. 뒤이어 다른 차가 서더니 또 다른 이웃이 내렸다. 그렇게 서너 대의 차가 꼬리를 물고 멈춰 섰다. 그리고 사고가 났던 엄마는 그날 오후 내내 "사고 났다더니 괜찮아?"라는 질문을 받았다.

이 마을에서는 나를 도와줄 사람들이 가득 차 있고 보호받고 있다는 느낌 속에서 살았다. 마을에서 문단속에 느슨해질 수 있었던 것도 훤히 뚫린 푸른 철조망 너머로 사방에 내 편이 있고 내게 문제가 생기면 언제든 달려와 줄 친구들이 가까이 있다는 믿음 때문이었다. 신뢰하는 사람들과 살고 있고, 나 또한 신뢰 받고 있다는 느낌은 안정감을 주었다.

예전에 살던 아파트에는 튼튼한 현관문과 CCTV가 있었지만 나는 아이에게 "CCTV에도 안 찍히는 곳이 있어. 그러니까 샛길로 다니지 말고 단지 가운데 넓은 길로 다녀야 해"라고 말했다. 집에 있을 때에도 택배는 문 밖에 놓고 가 달라고 부탁했다.

아파트에서는 좀처럼 마음의 경계가 풀어지지 않았지만 이곳에서는 마음을 닫기가 더 어려웠다. 아파트에서는 주택단지에서보다 몇십, 몇백 배의 밀도로 가까이 살고 있지만 그들이 내 편이라고 생각하지 않았기 때문이다.

여섯 개의
에코백

놀이터의 아이들이 금방 친해지는 것은 아이이기 때문도 있지만 놀이터이기 때문이기도 한 것 같다. 그러니까 어른들도 놀이터에서라면 금방 친해질 수 있다는 말이다. 이곳은 마을 전체가 놀이터인 셈이니 어른들도 금방 친구가 되었다. 돌이켜보면 남보다 더 효율성 높은 사람이 되어야 하는, 놀이터와 사뭇 다른 곳에서는 친구를 만들기가 쉽지 않았다.

마을의 바깥에서는 배우고 싶은 것이 생기면 학원이나 문화센터에 등록하고 그곳에서 친구를 만들곤 했다. 그런데 이 동네에서는 순서가 좀 달랐다. 학교운동장이나 반 모임, 또는 도서관에서 만나 친해지고 관계가 생기고 나면 눈앞에 온갖 보석 같은 재주를 가진 이들이 나타났다. 관계가 생긴 후에 그들은 좋아하는 친구들을 위해 기꺼이 퀼트를, 요가나 합창을 가르쳤다. 서로를 더 자주 만나 더 많이 같이 놀고 싶은 욕심에 흔쾌히 선생과 제자가 되었다.

마을에서 두 해 넘게 사니 월요일에는 독서 모임, 화요일엔 미술 모임, 수요일엔 한 달에 한 번씩 학부모회, 목요일은 프랑스어, 금요일은 우쿨렐레, 토요일에는 마을 역사 연구 모임에 나가게 되었다. 날마다 준비물을 챙기기 번거로우니 요일마다 사용할 여섯 개의 에코백을 차에 싣고 다녔다. 월요일 가방에는 책이, 화요일 가방에는 스케치북과 콩테가 들어 있었다. 마을에는 바리스타, 비폭력대화, 손뜨개, 먹고 마시기, 글쓰기 등 수많은 모임이 만들어지고 유지되다 사라졌다. 마음만 먹으면 사람들을 만나 교류할 기회가 얼마든지 있는 것이다. 그리고 그 대부분은 공짜였다.

누군가의 부엌에서 얘기를 나누다 손뜨개로 짠 수세미를 내밀면

"언니, 이거 짜는 거 가르쳐 주면 안될까?"

"그러지 뭐. 언제?"

"월요일은 뭐가 있고, 화요일은 뭐가 있으니 수요일은 어때요? 옆집 민수네도 오라고 할까?"

"좋아."

이런 식이었다. 수업료는 주로 에코백에 담아 간 과일 몇 알이나, 갓 담근 오이 소박이, 시골의 집에서 넘치게 보내 준 옥수수 같은 것이었다.

직접 가르치고 배우는 것은 부모들만이 아니었다. 이를테면 아이들에게도 '품앗이 교육'이라 불리는 것이 있었다. 나는 내 딸과 이웃의 아이 둘에게 1주일에 두 번 영어를 가르쳤다. 그 아이들 중 한 명의 아버지는 수학 전공자여서 내 딸에게 수학을 가르쳐 주었다. 연우 엄마는 매주 한 시간씩 경희 언니네 막내 채은이를 집으로 불렀다. 딱히 뭘 가르치는 것은 없었고 그저 앉혀 놓고 혼자 수학 문제집을 풀

게 했다. 몇 달 후 채은이는 놀라운 수학 점수를 받아오기 시작했다. 과외비를 주겠다는 언니를 뿌리치다 못한 연우 엄마는 "정 그러면 언니네 밭에서 알아서 가져갈게" 하며 가끔 대파 몇 뿌리나 부추 한 다발을 잘라 들고 가곤 했다.

이런 일이 가능할 수 있기까지 가장 중요한 것은 엄마들 간의 정분이었다. 서로 친하고 믿음이 있기 때문에 학원에 돈을 내고 아이를 보낼 때와는 달리 수업에 크게 간섭하지 않고 냉철하게 질을 따지지도 않았다. 아이는 곱셈과 나눗셈 대신 자주 보드게임과 성냥개비 퍼즐을 푸는 수학 수업을 했고, 나 또한 30분 동안 다른 아이들은 유치원 시절 뗀다는 파닉스 수업을 하고 나머지 30분은 빨리 자전거 타고 놀라며 아이들을 재촉하곤 했다.

한 시간 공부가 끝난 다음은 헤어지기 아쉬운 아이와 엄마들의 은근한 눈빛 교환 시간이다. 그리곤 누군가의 집에서 같이 저녁을 먹거나 한차를 타고 가까운 식당에서 한 끼 해결. 이렇게 수업을 핑계로 자주 만날 수 있다는 것 또한 품앗이 수업의 장점이다. 이렇게 많은 마을 아이들이 성적 우수자 현수막을 매단 학원 차를 타는 대신 이웃에 사는 선생님에게 그림과 도예, 피아노를 배웠고, 마을 엄마가 재능기부로 가르치는 합창부에 들기도 했다. 아이의 선생님들은 엄마의 친구이기도 했다.

속도와 효율을 재촉하지 않으니 아이들도 크게 부담을 느끼지 않았다. 아이들은 자주 만나는 맛에, 노는 맛에, 그리고 느리더라도 조금씩 성장하는 맛에 학교가 파하면 가벼운 발걸음으로 논두렁을 건너 친구의 집으로 향했다.

아이가 다니던 '투덜이 공작소'의 원장이자 유일한 교사인 '투덜이'는 오전에 비어 있는 공방에서 동네 엄마들과 함께 그림을 그렸다. 엄마들이 수강료를 드리겠다고 하자 손을 저어 하는 수 없이 그림수업 후에 점심을 사는 것으로 합의를 봤다.

투덜이 공작소의 미술수업은 성적이나 그림 실력보다는 아이들의 성향을 기준으로 구성되었다. 반을 나누는 데에 제일 중요한 것은 아이들끼리 얼마나 잘 맞고, 그래서 수업시간이 얼마나 재미있느냐였다.

"투덜이, 요즘 아린이가 친구들이랑 어때요?"

사춘기가 왔는지 딸아이가 부쩍 반 아이들과 잘 어울리지 못하는 것 같아 투덜이에게 물었다.

"잘 지내는데 뭐 걱정되는 것 있어요? 내가 살펴볼 테니까 너무 걱정 말고 기다려 보세요."

다음번에 다시 만난 투덜이는 아린이의 성향이 어떻고, 같이 그림 그리는 아이들과는 이런 점이 같고 다르다는 것을 설명해 주었다. 미술치료사에다 포용력 넓은 그녀와 상담하면서 동네의 많은 아이들과 엄마들이 같이 자라났다.

이곳에서 내 삶은 점점 마을집약적으로 변해 갔다. 카페보다는 이웃의 부엌에서 커피를 마시고, 아이의 한복이나 수영복이 필요할 때면 쇼핑몰에 가기 전에 공개 카톡방에 "아린이 입을 만한 한복 구합니다"라고 글을 올리는 것이다. 어느 해엔 세 벌의 한복 중 하나를 골라 입고 나머지를 다른 이들에게 나눠주기도 했다.

7, 8년 동안 혼자 아이를 키우던 내게 급한 일이 생겼을 때 아이 맡길 곳이 많아진 것도 좋았다. 문방구 하나 없는 마을이지만 아이의 학교 준비물을 미처 챙기지 못해도 걱정하지 않았다. 아침에 "지금 문방구에 와 있어요. 단소 못 사신 분들 주문하세요. 제가 사 갈게요"라는 글이 단체 카톡방에 올라오는 일이 많았고, 혹시 안 올라오면 내가 문방구에 가서 다른 엄마들의 주문을 받으면 되는 일이었다. 나는 친구들과 "이제 미용사 한 명만 이 동네로 이사 오면 완벽한데. 미용실도 안 가도 되니까"라며 깔깔거렸다.

몇 년 전, 마을 한가운데에 정말로 24시간을 운영하고 은박지 라면까지 파는 제대로 된 편의점이 문을 열자 마을은 흥분으로 들썩였다. 편의점은 곧 마을의 랜드마크로 부상했고 나와 친구들은 편의점 플라스틱 의자에 앉아 컵라면과 닭발볶음을 먹으며 떠나온 도시의 정취인 듯 좋아했다. 난방비를 감당 못해 연탄보일러를 놓고 장마엔 다리가 물에 잠겨 아이들이 학교에 못 가는 곳에서 이들이 어찌 이리 대책 없이 낙천적인지 의아할 수도 있다. 그 비결은 불편을 상쇄하는 것들을 사람 안에서 발견하기 때문이다. 이 말은 자신의 쓰임을 발견 당하며 산다는 뜻이기도 하며, 마을 안에서의 관계가 사람들의 자존감과 정체성에 어떤 영향을 미치는지를 추측케 하는 것이기도 하다.

담장을 박찬
고양이처럼

나는 또래에서도 드물게 시골마을에서 나고 자랐다. 부모님은 아직도 나와 두 동생의 탯줄을 끊었던 그 집을 증축해 살고 계신다. 그곳은 다해 봐야 열여덟 가구가 사는 우리나라의 전형적인 농촌마을이었다. 나는 마을에서 유일하게 비닐하우스 일을 돕지 않고, 마을 복판의 전봇대에 달라붙어 술래잡기를 하지 않는 아이였다. 대신 학교에서 돌아오면 혼자 숙제한 공책을 가방에 챙겨 넣고 도서관에서 빌려 온 책을 몇 번이고 읽고 또 읽었다.

고등학교에 다닐 때까지 나는 그 시골마을이 못마땅하기만 했다. 기껏해야 학교에서 30분 거리에 사는 다른 친구들과는 달리 나는 버스를 40-50분 타고도 15분 정도를 더 걸어야 집에 도착했다. 고3 때 담임 선생님은 성적을 위해서라도 더 가까운 곳에서 통학할 방법을 찾아보라고 조언하기까지 했다. 비디오 테이프를 빌릴 수도 없고 자장면 배달도 되지 않는 마을에 사는 것을 창피해하고 불편해 하며 학창시절을 보냈다.

그 시절, 모처럼 해를 보며 학교에서 돌아오는 날엔 언제나처럼 마을 입구의 나무 그늘에 모인 어른들을 보았다. 그들은 평상에 누워 낮잠을 자거나 물오이나 생고구마를 깎아 먹었다. 낫과 삽을 들고 시멘트길 위에 진흙 발자국을 찍으며 오던 아줌마들은 그 평상을 그냥 지나치는 법이 없었다. "올해는 해도 날이 가물구마. 문고병약을 볼쎄 쳐부렀어야는디" 하며 걸터앉았고, 아재들도 경운기를 멈추고 "집이(그 댁) 논으로 도구 쳐놨응께(물 흐르는 도랑을 내 놨으니까)"라며 거들지 않고는 못 배겼다. 지금도 친정 마을 노인들은 하루가 멀다 하고 마을 회관에 모인다. 그들은 여전히 올해엔 뉘 집 고추와 참깨 농사가 실한

지와 서로의 관절 상태에 정통하다.

어깨를 파고드는 책가방을 메고 평상을 지나는 내게 그들은 100년 전의 사람들 같았다. 벼문고병을 걱정하는 그들에게 건성으로 인사하던 나는 어서 대학을 졸업하고 아르마니 수트를 입고 프레젠테이션에서 승승장구하며, 트레드밀과 전망 좋은 오피스텔과 재즈바에 어울리는 도시인이 되고 싶었다. 고부가가치의 삶이 아니라면 행복할 수 없을 거라 생각했다.

그때 내게는 혼자가 되는 것이 곧 성장을 의미하기도 했다. 자기 몫의 돈을 벌고 혼자 살 집을 사는 것, 경제뿐 아니라 심리적으로도 혼자 문제없이 살아가는 것이 어른이라 생각했다. 당연한 성장의 증거로 여겼던 그것은 이상하리만큼 어려웠다. 독립은 혼자 경쟁에서 이기는 것과 동의어였으며 이를 위해 부지런히 자신을 갈고 닦아야 했다. 그것만으로도 시간과 체력은 항상 모자랐다. 문 밖에는 온통 타인과의 경쟁밖에 없어 보였으니 문을 닫고 혼자 있는 시간만큼 안온한 것이 없었다. 내 한몸 건사하기도 벅찬 내게 남에게 베풀 것이 있다는 생각을 해 본 적이 없었고, 다른 이에게 받는 것은 구차한 것이라 여기며 살았다.

하지만 마을에서 살다 보니 나는 다른 이에게 나눠 줄 것이 많고 받을 것 또한 넘쳤다. 그것이 냉장고 속의 오이든, 김치든, 시간이든, 유머든, 지식이든, 내게 남는 것이 다른 사람에게 도움이 될 수 있었다. 조금만 관심을 가지면 이를 베풀 수 있었고 다른 이들도 기꺼이 내게 그렇게 했다. 그래서 마을의 타인은 점점 내게 도움과 기쁨이 되

71

어 갔고 나 역시 다른 이들에게 그럴 수 있었다. 혼자가 아니라 여럿 속에서 나는 완성되었다.

내 몫을 투쟁하듯 벌고 꽉 움켜쥐는 생활에 익숙했던 나는 그렇게 점차 나눔의 메커니즘을 알아갔다. 그리하여 콰이강의 다리를 건넌 병사처럼, 담장을 박차고 나간 고양이처럼 그전의 삶으로 다시 돌아갈 수 없게 되었다. 고립되고 혼자 분투하는 삶이 얼마나 공허하고 심심한 것인지를 알게 되었기 때문이다.

행복은
어디에서 오는가

로버트 월딩거 교수가 소장으로 있는 하버드성인개발연구소 (Harvard Study of Adult Development)는 1938년부터 724명을 대상으로 '행복의 비결은 무엇인가'에 대한 연구를 시작했다. 조선에서 일본 징병이 있던 해에 시작된 이 프로젝트는 행복에 관한 연구로는 드물게 75년 넘게 지속되었고 로버트 월딩거 교수는 역대 네 번째 총책임자였다.

이 연구 대상은 두 개 집단으로 구성되었다. 첫 번째 집단은 하버드대학의 2학년생들이었고 두 번째 집단은 보스턴의 빈민가 소년들이었다. 두 번째 집단 중 대부분은 물도 제대로 나오지 않는 공동 주택에 살았다. 연구팀은 2년마다 연구 대상의 집을 방문하고 설문조사, 의료기록 검토, 혈액검사, 뇌 촬영을 했다. 피연구자는 추후 미국 대통령이 되거나 변호사나 의사, 또는 벽돌공이나 공장 노동자가 되었다. 알코올 중독이나 정신 분열을 겪은 사람도 있었다.

하버드대생이건, 10평 아파트에 사는 백수 청년이건 젊은 시절의 그들은 '행복의 비결이 무엇일까요?'라는 질문에 돈이나 명성, 높은 성취라고 답했다. 하지만 75년간 그들을 추적 조사한 결과 그들의 행복을 좌우한 것은 바로 '좋은 관계'의 유무였다. 연구 대상 중 행복하다고 답한 사람들은 돈이 많거나 사회적으로 높은 지위에 오른 사람이 아니라 의지가 되는 가족과 친구, 공동체가 있는 사람들이었다. 사회적 연결이 많고 다른 사람과 더 많이 교류하며 사는 사람들은 더 행복했고 자신이 원하는 것보다 관계망이 적은 사람들은 덜 행복했다. 행복감은 건강에까지 영향을 미쳐, 관계가 적은 사람은 중년기에 건강이 더 빨리 악화되고 수명도 상대적으로 짧았다.

최근 영국 정부는 외로움담당 장관을 임명했다. 외로움장관은 취임사에서 '외로움은 매일 열다섯 개비의 담배를 피우는 것만큼 해롭고, 정신적 자극이 부족한 사람은 그렇지 않은 이들보다 치매에 걸릴 확률이 64퍼센트 높다'고 영국 정부가 공식적으로 믿고 있음을 보여 주었다.

2012년의 한 조사에 의하면 부탄 국민 중 87퍼센트가 경제적으로 어려울 때 돈을 빌릴 수 있는 사람이 적어도 한 명 이상 있다고 답했다. 부탄인 중 83퍼센트가 이웃을 신뢰하고 있었고 반대로 거리감을 느끼는 사람은 10퍼센트도 안됐다. 한편 '서울 서베이 2016'의 결과에 따르면 자신의 '이웃을 신뢰한다'고 답한 서울 시민은 39.6퍼센트에 불과했다. 우리나라는 '곤경에 처했을 때 도움을 받을 가족이나 친구가 있는가?' 등의 질문으로 측정하는 사회적 지원 네트워크 결과에서 OECD 국가 중 최하위를 차지했다. 우연찮게도 부탄은 국민행복감 지수에서, 우리나라는 자살률에서 각각 상위권을 차지하고 있다.

내게는 자기공명촬영기도, 혈압계도 없으며 가지고 있는 유일한 의료기는 잴 때마다 다른 온도가 찍히는 체온계뿐이다. 그래서 내가 살던 마을의 정서가 주민들의 신체에 어떤 영향을 미치는지에 대해서는 결론을 내리기가 곤란하다. 하지만 마음이 건강해진 이웃들은 자주 만났다. 사람들은 이 마을에서 자주 웃고 여유로워졌으며 서로 신뢰했다. 이들의 경제 상황은 마을에 온 후 크게 변화하지 않았고, 동아리 총무나 초등학교 학부모회 임원 이외에 대단한 명예를 얻은 적도 없다. 그럼에도 이들은 스스로가 놀랄 만큼 상처에서 회복되고 행복해졌다. 이 마을에서도 행복의 비결은 바로 '관계'였다.

행복은
전염된다

이 마을에서 차로 10여 분 거리에는 신도시가 있다. 마을 사람들은 마트나 아이들의 학원 때문에 10분 거리의 신도시에 자주 갔다. 마을에서 몇 년을 산 후에는 이웃 도시의 사람들이 나나 이웃보다 덜 웃는다는 것이 느껴졌다. 웃으면 벌금을 내는 세상에 살기라도 하는 듯 그들은 좀처럼 웃지 않았다. 반대로 나와 이웃을 본 그들은 '오늘따라 웃음이 헤픈 사람을 만났어'라고 생각했을지도 모르겠다. 아니면 최근에 로또에 당첨되었거나, 몰랐던 조상 땅을 발견했으리라고 짐작할지도.

마을로 이사 오기 전에는 나 역시 잘 웃는 편이 아니어서 필리핀이나 인도네시아, 터키 사람들이 어떻게 누구와건 눈만 마주치면 웃을 수 있는지 궁금했다. 여행하는 동안에는 나 또한 그들처럼 잘 웃다가도 인천공항에서 버스를 탄 이후에는 다시 무표정한 한국인으로 돌아오곤 했다.

그러던 내가 어떻게 치과의사에게마저 헤죽거리게 되었느냐고 묻는다면 '내 주변 사람들이 다 그랬기 때문이다'라고 답할 수밖에 없다. 내가 매일 만나는 이들은 잘 웃었고, 먼저 웃었다. 나에게도 예의와 양심이라는 것이 있기 때문에 웃는 이들을 향해 얼음장 같은 표정을 지을 수는 없었다. 그렇게 몇 년이 지난 후에는 사람만 보면 일단 좋아 웃고 있는 나를 발견했다. 이런 변화는 스스로도 놀라운 것이었다. 긍정적인 사람이 되고 싶어서, 감정 조절법을 배우기 위해 책을 읽고 TED 강연을 봐도 가능하지 않았던 일이 그저 잘 웃는 사람들과 사는 것만으로도 가능해지다니. 이를 논리적으로 설명할 수 있는 것일까?

몇 참고문헌에 따르면 웃음이 전염되는 이유는 인간이 태생적으로 가진 '거울 신경'으로 설명된다. 거울 신경은 다른 사람의 동작이나 정서, 의도 등을 무작정 따라 하는 신경세포를 말한다. 우리가 텔레비전 예능 프로그램의 녹음된 웃음소리를 듣고 무심결에 따라 웃거나 카페 옆자리 사람이 깔깔거리면 괜시리 웃는 이유도 바로 이 거울 신경 때문이다. 아이가 옹알거릴 때 같이 옹알거리지 않고 못 배기는 이유는 단지 아이가 사랑스러워서만은 아니다. 거울 신경은 그

마을 세례기

렇게 표정과 소리를 주고받으며 아이가 사회적 존재로서의 기본적인 공감과 소통의 능력을 배우도록 돕는다. 눈만 마주치면 미소 짓는 이들의 나라에서 내가 쉽게 웃을 수 있던 이유도 싼 물가와 망고 때문만은 아니었던 것이다.

니컬러스 크리스태키스와 제임스 파울러의 <행복은 전염된다>에는 감정의 전염에 대한 좀 더 광범위한 실험 결과가 있다. 네트워크 연구자인 저자들은 2000년 매사추세츠주 프레이밍엄의 주민을 표본 집단으로 사람들의 형제와 친구, 배우자들 간의 유대감과 그들의 행복 수준을 연결망 그래프로 그려 보았다. 1020명의 네트워크를 분석해 보니 연구 대상들에게 행복한 친구가 한 명 늘어날 때마다 그들이 행복해질 확률이 약 9퍼센트씩 늘어났다. 반대로 불행한 친구가 한 명 추가될 때마다 행복해질 확률이 약 7퍼센트씩 떨어졌다.

직접 아는 사람이 행복할 경우 내가 행복할 확률은 15퍼센트 늘어났고, 내가 아는 사람이 아는 사람, 즉 2단계 네트워크에 있는 사람이 행복하면 내가 행복해질 확률은 10퍼센트 높아졌다. 놀라운 것은 내가 전혀 모르는 사람인 3단계에 있는 사람이 행복해도 행복할 확률이 6퍼센트나 늘어나는 것이었다. 4단계 너머에서야 네트워크의 영향력은 미미해졌다.

다시 말하면, 친구의, 친구의, 친구가 행복하기만 해도 내가 행복해질 확률이 6퍼센트나 늘어난다는 것이다. 6퍼센트라면 대단치 않아 보일 수 있지만, 1984년의 한 연구에 따르면 5000달러(2009년 가치로는 약 1만 달러)를 더 벌 때마다 사람이 행복을 느끼는 비율은 겨우

2퍼센트 증가했다고 한다. 크리스태키스의 연구에 따르면 전혀 모르는 사람의 행복도 그 세 배의 가치를 지닌다. 그래서 연구팀은 주장한다. "놀랍게도 여러분이 한 번도 만난 적이 없을 가능성이 있는 3단계 거리에 있는 사람마저 여러분의 지갑에 들어 있는 수백 달러보다 행복에 더 큰 영향을 미칠 수 있습니다"라고.

크리스태키스의 연구팀에 따른다면 특히 물리적으로 가까운 곳에 사는 사람의 행복이 큰 영향력을 보인다. 1.6킬로미터 안에 사는 사람이 행복하면 그 사람도 덩달아 행복할 확률이 약 25퍼센트나 증가한 반면 1.6킬로미터 밖에 사는 친구의 행복은 아무 효과도 미치지 못했다. 미국만의 특수한 사례가 아니었다. 이후 중국의 농촌 마을 주민 1만명을 표본으로 한 연구에서도 비슷한 결과가 나왔다.

크리스태키스의 연구처럼 감정이 관계망을 통해 3단계를 퍼져나간다고 가정해 본다면, 내가 이 마을에서 아는 사람이 10명만 있어도 나의 감정은 2단계에서는 100명, 3단계에서는 1000명과 연결된다. 게다가 이 마을은 작아서 내 지인의 대부분은 한 초등학교를 중심으로 그린 반지름 2킬로미터의 동그라미 안의 거리에 살았다. 많은 사람들이 적어도 열 명 이상의 관계망을 갖고 있는 이 마을 어디에선가 몇 사람이 좀 더 행복해지기만 한다면, 그래서 이유 없이 배시시 잘 웃기 시작했다면 마을 사람 대부분이 행복해지는 것도 가능하다는 말이다.

마을에서 변하다

어느 흔한
불안과 위로

5월의 어느 날, 아이의 학교 도서관에 신간이 들어왔다길래 다른 학부모 사서 너댓 명과 서가를 정리했다. 후딱 일을 끝내고 도서관에 앉아 있으려니 한 엄마가 가방에서 고구마를, 다른 엄마는 보온병의 커피를 꺼냈다. 이 마을로 이사 오면 '먹거리 챙김 호르몬'을 관장하는 뇌하수체가 생기나 보다.

고구마를 다 먹을 즈음엔 아이들 요가수업을 도와주러 왔다는 엄마들 몇 명이 더 도서관으로 들어왔다. 그리고 10여 분 뒤에 나는 이웃마을 정육점으로 삼겹살을 사러 가고 있었다. 마을 안에는 정육점이 없기 때문이며, 10여 분 전 "점심으로 삼겹살 같이 구워 먹자"는 이야기가 나왔기 때문이기도 했다. 식비로 고깃값이 너무 많이 나간다는 고충 토로가 어찌하여 갑자기 삼겹살 구워 먹자로 급선회하게 되었는지는 알 수 없지만.

나는 옆 마을에서 산 삼겹살 두 근과 우리 집 텃밭의 우람한 상추를 차에 싣고 단우네 집으로 향했다. 그 보무도 당당하여 단우네 그늘막 아래서 기다리던 동네 아줌마들도 몹시 흡족하였으리라. 단우네는 마을의 한 계곡 가까이에서 식당을 하고 있다. 손님이 없는 평일 낮 시간을 틈타 우리가 점심 회동을 급조한 것이다. 날씨가 좋고 마당 보급률이 90퍼센트에 육박하는 데다 사람들이 자주 만난다면 그 결과는 뻔하다. 삼겹살이냐 목살이냐의 문제가 남을 뿐.

단우네 식당 맞은편에는 브런치 레스토랑이 있다. 계곡물을 사이에 둔 그곳의 테라스에는 나들이 옷을 차려 입은 아낙들이 파스타나 파니니를 먹고 있었다. 5000원짜리 냉장고바지가 대세였던 대여섯 명의 아낙은 그 건너편 물가에서 숯불에 고기를 올렸다. 단우네 강아지 달순이 사료를 들고 온 택배 총각도 불러 쌈 몇 점을 나눠 먹기도 했다. 연신 자지러지게 웃던 난 학교를 땡땡이치고 강 너머를 바라보는 톰 소여가 된 듯도, 조랑말을 타고 숲을 배회하는 말괄량이가 된 듯도 했다. 아주 오랫동안 내 속에서 말라버린 듯했던 유년의 자유로움이 느껴졌다. 내겐 아주 많은 시간과 충분히 많은 친구가 있었다. 햇살과 바람조차 더할 나위 없었다. 그러니 내겐 비싸고 멋진 것들이 필요치 않았다. 그런 것이 없어도 충분히 행복했다.

그날 점심을 먹으며 나는 그녀들의 퀼트 모임에 초대받았다. 월요일 요가 모임과 금요일 독서 동아리에 이어 세 번째 모임에 드는 날이었다. 자타가 공인하길 퀼트와 나는 그다지 어울리는 조합이 아니다. 실제로 이 모임에서 나는 1년 동안 곰인형 한 마리를 만들었을 뿐이었다. 그나마도 아직 코를 못 달았으니 완성작이라고 할 수도 없었다. 갖은 외과적 조치에도 불구하고 다리가 휘어지고 목이 돌아가는 내 인형을 보며 퀼트 모임 엄마들은 혀를 끌끌 찼다.

　대여섯 명의 동네 아줌마들이 모인 퀼트 모임에서는 1주일에 한 번씩 돌아가며 집에 모여 바느질을 하고 점심도 먹었다. 수요일 아침 열 시가 되면 계란말이나 나물, 두부조림 통을 든 아줌마들이 하나 둘, 집으로 모여들었다. 그녀들은 노안에도 굴하지 않고 나초칩 만한 천 조각을 한없이 오리고 이어 붙였다. 그들이 혀를 내두를 작품을 만드는 동안 나는 주로 소파에 누워 있었다. '다이소에 가면 비슷한 가방 6000원이면 사는데'라며 하루에 바늘 열 땀을 뜨는 날도 있고 못 뜨는 날도 있었다. 그따위 예술혼으로 퀼트는 아무래도 무리인 것이다.

　모임 초반에 나는 주로 그녀들이 나누는 대화를 듣기만 할 뿐 거의 끼지 않았다. 아니, 낄 수가 없었다. 왜냐하면 나는 낙제생이었기 때문이다. 내가 실 매듭 짓는 법조차 몰랐기 때문만은 아니었다. 그녀들의 대화는 내가 해 온 대화와는 너무 달랐다. 나는 "아직도 IR 자료가 안됐단 말이야? 내일 당장 IR인데 미쳤어?"라든가, "자기, 그 아파트 청약 당첨 됐어? 피(프리미엄)가 벌써 5000이래"라든가, 최근 다녀온 푸켓 리조트와 연예인의 이혼 스토리를 거쳐 다시 "그 아파트 7억에 팔았잖아. 아까워 죽겠어"로 돌아오는 대화에 익숙했다.

　계란말이와 고구마줄기 볶음을 나눠 먹고 바느질을 하는 이 아줌마들의 대화 주제도 다양했다. 저녁 밥상거리, 아이들의 공부 걱정,

남편과 시부모 이야기, 전셋값과 가슴 사이즈 사이를 종횡무진했다.

"가슴 하면 이 언니지. 아마 우리 학교 엄마 중 최고일걸? 우리나라에는 맞는 사이즈가 없어서 외국 나가면 속옷만 한 트렁크 사 온댄다 야."

"난 얼마 전 필리핀에서 마사지 받는데 자꾸 돌아 누우래는 거야. 등인 줄 알고."

"큭큭… 캭캭."

퀼트 천을 들고 쓰러진 좌중 중 겨우 정신을 차린 누군가가 말했다.

"에휴, 크기가 뭐가 중요해. 다들 금슬 좋게 잘 살면 그만이지."

"아니야 아니야. 우리는 금슬 같은 거 아니야. 자식을 위해 한 곳을 바라보는 전우애지."

난 '어디 내놔도 부끄러울 만한' '기승전 가슴 얘기'라며 깔깔거릴 뿐 입 밖으로 내지는 않았지만 사실은 그녀들의 대화법에 감탄하고 있었다. 나에겐 대학 입학부터 학원 강사 아르바이트를 시작했고 직장의 프레젠테이션에도 주눅 들지 않았다는 자부심이 있었다. 하지만 내 화법은 그녀들의 그것에 비한다면 일천했다. 나는 열두 살의 도제처럼 이상하리만큼 유쾌하고도 마음이 따뜻해지는 그녀들의 화법을 닮고 싶은 열망에 휩싸였다.

어리석은 도제는 몇 계절을 함께하고 나서야 거칠 것 없어 보이는 그 대화에 숨은 몇 가지 비밀을 알아챘다. 첫째 비결은 '자랑은 금기'였다. 그녀들은 음식 솜씨를 내세우는 것보다는 "아니, 지우개도

튀기면 맛있다는데 왜 나는 새우를 튀겨도 운동화 맛이 나는 거야"
라는 말이, 오른 아파트값보다는 마이너스 700만 원의 변액보험 얘
기가 모두를 유쾌하게 한다는 것을 알았다. 물론 이 산골 동네에서라
고 새로 산 명품지갑이나 시아버지의 광활한 논밭에 들어설 아파트
얘기를 하는 이가 없을 리 없다. '타워팰리스에 사는 내 친구가 그러
는데…'라든가, '남편이 새로 산 메르세데스가…'라는 화법은 어디에
든 있다.

하지만 이런 주제는 마을에서 대세가 되지 못했다. 퀼트 모임뿐
아니라 마을 곳곳에서 그랬다. 마을의 여인들은 자랑이 공감과 배려
의 반대편에 있다는 것을 잘 알았다. 자랑은 순식간에 그 자리에 있
는 평등과 평화의 기운을 깨뜨렸다. 자랑은 서로를 치유하는 아름다
운 대화를 망치고 그 자리의 모두를 패자로 만든다는 것이 이곳의 상
식이었다.

두 번째 비결은 '관심'이었다. 서로의 마음에 언제든 촉수를 내
밀고 있어 상대방이 어떤 마음인지 알았고 모두가 행복해질 답을 금
세 생각해 냈다. 그녀들은 놀랍게도 타인과 입이 아닌 마음으로 대화
하고 있었다. 이를테면 누군가 "시아버지께서 허리가 아프시대. 큰 병
원에 모시고 가 봐야 할 것 같아"라고 말하면 "병원 갈 때 우리집에
영수 맡겨. 요즘 우리 철수 심심해서 죽잖아"라고 답했다.

"영수가 학교에서 친구를 때렸다고 전화가 온 거야"라는 말에는
"다 그러면서 커. 4학년쯤 되면 나아지니 조금만 기다려 봐"라고 했다.

"아이가 중학교에 잘 적응을 못해"라고 하면, "우리나라 중학교

에는 나도 적응이 안돼. 적응 안되는 게 정상 아닌감"이라고, "요즘 우리 애가 친구들이랑 어울리지 못해 걱정이야. 애한테 문제가 있나?" 하면, "언니, 다음 달부터 우리 애랑 수영장 같이 보내요"라는 이가 있었다.

그들은 되도록 자신을 낮추고 상대방의 기분을 고려했다. 서로의 말을 들어 주고, 이해하고, 따뜻한 방식으로 돌려 말했다. 동료의 상처를 재빨리 알아차리고 핥아 주는 늑대 무리처럼 그녀들은 서로를 주시하고 다독여 주었다. 그런 대화 속에서는 마음이 푸근해지고 따뜻해졌다. 휴머니즘과 유머, 정의와 예의의 세계에서 돌아오는 길에는 늘 내가 더 건강하고 나은 사람이 되어 간다는 느낌이 들었다.

재규어가
기쁘지 않을 리 없지만

콰키우틀족에게는 '포틀래치potlatch'라는 의식이 있다고 한다. 이 의식은 맨해튼 펜트하우스의 파티와 여러모로 비슷해서, 포틀래치의 호스트는 손님들이 도저히 먹을 수 없을 정도로 많은 물범고기와 생선, 과일을 내놓고 귀한 접시와 장인이 공들여 깎은 공예작품으로 자신의 재력을 과시한다. 도시의 꼭대기에서 캐비어를 남겨 버리는 파티와 다른 점이라면 포틀래치는 주인장의 재산을 탕진하는 것이 목적이라는 것이다.

콰키우틀은 <반지의 제왕>이 아니라 마르셀 모스의 <증여론>에 나오는, 북아메리카 북서 해안 밴쿠버에 사는 부족의 이름이다. 포

마을 세례기

틀래치의 주인공은 음식과 재산을 이웃에게 선물하고 마지막에는 자신이 있고입던 산양 털로 공들여 짠 화려한 옷까지 손님에게 조각조각 잘라서 나눠 준다. 맨해튼의 호스트가 7.5캐럿의 다이아몬드 목걸이를 자랑한 후 비밀 금고에 보관하는 반면, 콰키우틀의 주인장은 '코퍼'라는 방패 모양의 금속 장식판을 사람들에게 나눠 주거나 그 자리에서 부숴 버린다. 코퍼는 그들에게는 달착륙선의 추진기관처럼 값을 따질 수도 없는 귀한 물건이다.

때로는 12일간 이어지는, 오직 버리고 파괴하는 것이 목적인 이 파티가 생겨난 이유는 그 부족민들에게는 얼마나 많은 부를 쌓았느냐가 아니라 더 많이 나누고 버릴 줄 아는 관대함이 리더십과 지위의 판단 기준이기 때문이다.

비슷한 일은 인류 역사상 오랫동안, 세계 곳곳에서 벌어져 왔다. 마빈 해리스는 멜라네시아의 원주민들도 관대한 '빅맨bigman'이 되기 위해 포틀래치와 비슷한 잔치를 열고 애써 모은 재산을 마을 사람 모두에게 나눠 주는 일을 반복한다고 밝혔다. 빅맨은 그 부족에게 지도자이자 영광스러운 지위의 대명사다. 영국의 역사학자 G.L. 곰므에 의하면 스코틀랜드에서는 토지 공동 소유의 흔적이 여럿 발견되고 있으며, 어떤 마을에서는 쟁기로 공동체 소유의 밭 경계선을 갈아엎고 난 뒤 가구별로 재분배하는 관습이 1801년까지 남아 있었다. 셈족과 아리안족을 비롯한 많은 종족들도 주기적으로 토지를 재분배했다. 이들에게도 에스키모 부족과 유사한, 가족의 부를 포기하는 오랜 전통이 있었다. 또 많은 원시 부족들에게 고인의 유물을 시신과 함께

매장하거나 무덤 위에서 부숴 버리는 관습이 있다.

북아메리카의 원시 부족부터 근대의 유럽에 이르기까지 인류에게는 왜 이런 신기한 전통이 있었을까? 말 안장 밑의 육포 때문에 사냥 나갈 때마다 엉덩이가 배겨서, 냉동실에 킹크랩을 넣을 공간이 부족해서, 또는 베라 왕 드레스를 새로 살 핑계거리가 필요해서?

크로포트킨은 우리 조상들이 이러한 관습을 만든 것이 소수의 부자가 생김으로써 씨족 공동체가 급속히 파괴된 경험을 한 후일 것이라 보았다. 부의 불균형은 공동체에 치명적이다. 현명한 조상들은 이미 오래전 소수의 부와 마을 사람 모두의 평화를 양손에 올리고 저울질해 보았다. 그 결과 몇 사람이 풍요로운 것보다는 모두가 부를 정기적으로 나눠 갖는 편이 낫다고 결론 내렸고, 그것이 어렵다면 차라리 파괴해 버리는 것을 택했던 것이다.

나의 마을에는 울타리를 쟁기로 갈아엎거나 번 돈을 한 바구니에 넣었다 똑같이 분배하는 관습은 없었지만 보기 드문 평등의 문화가 있었다. 비록 빈부의 차이는 있었지만 그것으로 존중과 차별이 결정되지 않았다.

평등은 배려와 존중과 같은 말임을 이 마을에서야 알았다. 마을에서는 돈의 많고 적음이나 학력의 길고 짧음으로 타인을 존중할지를 결정하지 않았고, 모든 이가 선한 사람으로 대접받았다. 그리하여 이 마을에서는 퀼트를 하는 두 평짜리 방 안에서조차 불안을 잠재우는 신기한 공기가 흘렀다. 그녀들은 내게 모두를 존중하는 분위기가 불안을 잠재우고 행복을 낳는다는 것을 가르쳐 주었다. 조립식 주택과 컨테이너 공방에서 피어나는 아름다운 대화와 행복을 경험한 사람이라면 오래전 많은 부족들이 왜 장인의 모피코트와 통통한 물범 육포를 포기했는지 이해할 수 있을 것이다.

평등을 깨트리는 과시에 민감한 부족은 오늘날에도 여전히 남아 있다. 그들은 이름 뒤에 '박사'나 '의사'와 같은 직책을 붙여 부르는 것을 금기시한다. 평등의 정서를 해치며 위화감을 만들기 때문이다. 그들은 어린 부족원들에게 '네가 다른 사람보다 중요하거나 우월하다고 여기지 말라'고 가르치며, '마누라 들어 옮기기'나 '휴대폰 멀리 던지기' 같은 대회에서 같이 망가지며 웃는다. 유럽 대륙 북서부의 '스칸디나비아'라고 불리는 곳에 사는 부족들이다.

그들이라고 새로 산 재규어를 자랑하고 싶지 않을 리가 없겠지만 잘난 소수보다는 평등이 중요한 스칸디나비아에서는 훌륭한 복지제도와 노동법이 생겼다. 반면 '내 아이는 특별하다'는 분유 광고가 있던 우리나라 사람들은 '브랜드도 없는 옆 아파트 아이들과 내 아이를 같은 학교에 다니게 할 수 없다'는 서열화에 쉽게 뛰어든다.

우열의 관계에서 사람들은 불안해하고 마음이 좁아지지만, 평등하고 존중 받는 곳에서는 여유로워지고 다른 사람을 배려한다. 내가 다른 사람보다 못 가졌다는 것, 덜 잘났다는 것을 지속적으로 인정해야 하는 한 인간의 불안은 잠재워지지 않는다. 우리의 자본주의는 그 불안을 먹고 자라고 있다. 내 값싼 과시의 밑바닥에도 그런 불안이 있었다. 난 마을의 그녀들처럼 멋진 어른이 되기 위해서는 먼저 스스로의 불안을 알아차리고 길들여야 한다는 것을 깨달았다.

파크애비뉴의
불안

'저긴 정말 죽기 전까지 가보기 힘들겠어.'

몇 년 전 센트럴파크에 누워 길 건너 파크애비뉴의 맨션을 보며 생각했다. 도시의 복판이니 여행객은 그곳을 자주 스쳐가긴 했다. 뉴욕 공립도서관이나 메트로폴리탄 박물관에 갈 때도 그곳을 거쳤다. 그때마다 도어맨이 문을 연 맨션으로 에르메스 버킨백을 든 부인이나 아찔한 스틸레토 힐의 금발 백인이 빨려 가는 모습을, 어퍼이스트사이드의 카페에 전시하듯 앉아 있는 팔등신 미녀를 보긴 했다. 하지만 디즈니 스토어나 고디바 초콜릿숍과는 달리 세계에서 손꼽히는 부자 마을의 삶에 더 이상 가까이 갈 수 없었다.

고맙게도 그곳의 삶을 속속들이 알려 준 책이 <파크애비뉴의 영장류>다. 이 책을 쓴 웬즈데이 마틴은 파크애비뉴로 이사를 가 새 집을 얻고 아이를 유치원에 보낸다. 덕분에 전 세계 0.1퍼센트의 최상층 부인들과 부대껴 살게 되는데, 문화인류학을 공부했던 그녀는 그 독특한 마을 사람들의 이야기를 책으로 내기로 한다. 그곳이 어떤지 궁금했던 게 나뿐만은 아니었던지 책은 베스트셀러가 되고 영화 판권 계약까지 했다.

과연 그곳의 삶은 마트에서 4000원짜리 원 플러스 원 우유를 살 것인지, 5000원짜리 유기농 우유 한 팩을 살 것인지를 고민하는 나로서는 상상도 어려울 만큼 화려했다. 웬즈데이 마틴은 아이를 유치원에 보내고 나서 유치원에서 전용기가 없는 집은 자기네 가족뿐

마을 세례기

이라는 것을 알고 깜짝 놀란다. 그 마을에서는 운전기사와 베이비시 터만큼이나 전용기가 흔했던 것이다. 다섯 살 아이가 5000달러짜리 생일 파티를 하고 하루에 1만 달러짜리 쇼핑은 얘깃거리도 아니다. "꿀꿀한데 저녁에 파리로 파티나 갔다 올래?"라는 대사가 실재하는 삶이다.

그런데 이 책의 반전은 에덴동산과 가장 가까이 사는 듯한 그들 이 그다지 행복하지 않다는 것이다. 어퍼이스트사이드의 많은 부인 들이 비밀리에 매디슨애비뉴의 프라다와 랄프로렌 매장 사이에 있는 AA(Alcoholic Anonymous, 알코올중독자 모임)에 나가고 그곳에서 서로를 만 났다는 사실은 상호 무언의 약속 아래 불문율에 붙여 둔다. 욕실 수 납장에 신경안정제와 불면증 약을 쌓아 두어도 이곳에선 그다지 특 별한 일이 아니다. 1년에 에스테틱과 피부과에 몇 억을 쓰는 그녀들 은 브런치 타임에 와인과 함께 아티반(신경안정제의 일종)을 털어 넣으며 시름을 달랜다. 약물과 알코올 의존은 파크애비뉴의 부인들에게는 옷장 속의 카프리 바지처럼 흔한 일이었다. 불행까지도 매수해 버릴 듯한 대단한 부자들은 왜 행복하지 않을까? 파크애비뉴에 만연한 이 불안의 원인은 무엇일까?

그들은 공동체의 일원으로 인정을 받지 못하고 따돌림을 받을 까 봐 두렵다. 방 아홉 개 딸린 3층짜리 펜트하우스에 살며 데이비드 호크니가 그린 초상화로 집 안을 장식한 여인, 그러니까 그 세계의 여 왕벌로부터 선택받지 못할까 봐 불안하다. 따돌림을 받지 않고 공동 체의 인정을 받기 위해서는 그들의 방식을 따라야 한다. 그래서 그녀들은 한 달에 1000만 원 가까운 돈을 들여 숨이 넘어가기 직전까지 스피닝을 하고 식이요법에 매달린다. 한 줄의 셀룰라이트도 없는 완벽한 몸매가 아니면 자칫 파크애비뉴 종족으로서의 명예에 오점을 남길 수도 있기 때문이다. 집 안에서 손님을 맞을 때에도 페디큐어와 블러셔를 하고, 어린이집에 갈 때에도 '난 지하철을 타지 않는다'는 사실을 증명하는 아찔한 높이의 1200달러짜리 마놀로 블라닉의 부츠를 신고 7000달러짜리 트위드 재킷을 걸치고서야 안심할 수 있다.

파크애비뉴에서 마취주사까지 맞으며 킬힐을 신는다는 것보다 더 믿기 어려운 것은 그녀들이 아스펜에서 2주 간의 휴가에 쓸 여윳돈이 없어서, 몸무게가 2킬로그램 늘었다는 이유로도 쉽게 수치스러워하고 불편해 한다는 사실이었다. 그들은 또 누구나 부러워하는 부와 지위를 가진 남편이 바람을 피워 부족원들로부터 비웃음을 당하고 파크애비뉴족으로서의 지위를 잃을까 두려워한다. 불안을 잠재우기 위해 남편에게 받은 용돈을 비밀리에 저금하고, 친정엄마는 딸에게 "되도록 남편에게서 보석을 많이 받아 놓아. 그게 보험이야"라고 조언한다.

아이가 명문 사립초등학교에 가지 못하는 것, 또는 명문 초등학교에 입학률이 높은 유치원에 가지 못하는 것은 그녀들의 존재 이유를 위협할 만큼 수치스러운 일이다. 그래서 그들의 대화에는 은근한 과시가 빠지지 않는다.

"안녕하세요, 전 앨리샤예요. 애들 이름은 앤드루, 애덤이고 둘다 앨런-스티븐슨에 다녀요. 그쪽 아이들도 거기 다니나요?"

"아뇨, 우리 애들은 컬리지어트에 다녀요(두둥! 이렇게 그녀는 일류학교에 다니는 아이를 둔 엄마로서 우위를 점한다). 대신 제 친구 마저리의 아들 넷이 다 앨런-스티븐슨에 다녀요(숨은 의미: 제 친구 마저리는 애를 넷이나 키울 만큼 엄청난 부자고, 그녀의 친구인 저 또한 부자랍니다). 어쩌면 앨리샤도 마저리를 알지 모르겠네요. 앨리샤 애들은 몇 살이죠?"

"어머나, 그래요? 제 조카 둘이 컬리지어트에 다니는데(여기서 그녀는 자기도 일류에 뒤지지 않는다는 사실을 드러낸다. 자기 동생의 아이들이 일류 학교에 다니므로, 그녀도 동등하다는 것이다) 걔네는 쌍둥이고, 2학년이죠. 데본과 데이튼."

자본주의는
불안을 먹고 자란다

어퍼이스트사이드의 이야기는 돈이 많다고 해서 자본주의의 불안이 사라지는 것이 아님을 보여 준다. 무엇인가를 기준으로 매섭게 순위가 매겨지는 순간 맨해튼의 펜트하우스에서건 북극권에서건 인간은 불안해질 수밖에 없다. 실제로 2006년 한 생명보험 회사의 설문에서 미국인 여성 중 90퍼센트가 경제적으로 불안감을 느낀다고, 46퍼센트는 노숙자가 될까 봐 심각하게 두렵다고 답했다. 이들 중 거의 절반은 연간 소득이 10만 달러가 넘었음에도 불구하고 말이다.

이들과 나의 통장 잔액은 크게 다르겠지만 불안의 원인은 비슷하다. 경제적으로 풍요롭지 않아서가 아니라 타인보다 풍요롭지 않아서이며 그로 인해 존중받고 인정받지 못할까 봐 두려운 것이다. 문제는 돈이 아니라 관계에 있다. 관계의 불안을 피하기 위해서 악어가죽 가방과 핸드메이드 무브먼트의 손목시계와 레이저 시술이 필요하다. 불행히도 안전한 관계를 보장한다고 여겨지는 기준은 파크애비뉴에서건, 경기도 모처에서건 현실의 내가 쫓아가기에는 항상 벅차며 그것을 통제할 능력이 내게는 없다. 나는 언제든 회사에서 퇴직 당할 수 있고 집값은 내 의지와 상관없이 뛰어오른다. 월스트리트의 애널리스트들이 수백만 달러를 벌어들이는 동안 나는 가만히 있어도 그만큼 가난해진다. 광고에서는 레인지로버를 사야만 제대로 대접받을 수 있을 거라는 설득력 갖춘 주장을 하루에도 몇 번씩 한다. 지금 타는 산타페의 50개월 할부도 아직 끝나지 않았는데. 자줏빛과 잿빛 에르메스백을 두 개나 갖고 있는 그녀는 분명히 나보다 나은 사람 같다. 도대체 내가 어떻게 해야 그녀만큼 주목 받고 존중 받을 수 있지? 지금으로서는 도저히 어려울 것 같다. 이러니 욕실에 프로작이 쌓일 수밖에 없다. 불안의 원인이 싼타페냐, 자가용 헬기냐의 차이는 있겠으나.

어느 수업 시간에 '우리가 저녁 식사를 할 수 있는 것은 빵집 주인의 자비심 때문이 아니라 돈벌이에 대한 관심 덕분이다'는 애덤 스미스의 말을 새기며 교수와 학생이 함께 감탄했던 기억이 있다. 모름지기 산업화된 국가에서라면 이기심은 보편적이고 불가침한 것으로 존중 받았다. 하지만 그 때문에 더 나은 나를 증명해 보이고자 애써

마을 세례기

야 하고, 또 다른 사람에게서 상처를 받게 될지는 예상치 못했다. 월급을 쪼개 몽블랑 만년필을 사고 미팅 테이블에서 은근히 시선을 즐기다가도 돌아서 쓸쓸히 자책하다 보면 자존감은 더 낮아지는 듯했다. 담배 피우고 홍삼 먹는 짓 같았지만 이 악순환을 어디서부터 끊어야 하는지 책에는 나와 있지 않았다. 학교에서도, 회사에서도 그런 것은 가르쳐 주지 않았다. 배웠댔자 바뀔 수 있는 것이 아닐지도 모른다. 알랭 드 보통의 <불안>을 거듭 읽었지만 내가 바뀌지 않았던 것처럼.

해결 방법이 없지는 않다. 도저히 따라갈 수 없을 것 같은 타인의 기준을 거부하고 내 기준대로 사는 것이다. 그리고 별종의 칭호를 얻는 것이다. 혹시 그런 기준이 없는 곳으로 이사를 가면 나아지지 않을까? 그렇지만 그런 곳이 어디에 있다는 거지? 본 사람 있어?

나도 그런 곳이 차로 20분 거리에 있을 거라곤 상상하지 못했다.

관계학
초급 입문

"경희 언니가 저녁에 김장한대. 여동생네 거랑 같이 담가야 해서 200포기나 절여 놨나 봐. 이따 가서 도와주자."

저녁을 먹으며 연우 엄마가 말했다. 하필이면 초겨울 추위가 덮친 날이었다. 음산한 바람 소리가 식당 창문을 때리고 있었다. 그냥 서 있어도 뼈가 시린 이 날씨에, 그것도 밤중에, 경희 언니네 밭 한가운데에서 배추 200포기를 씻고 싶은 마음은 없었다. 그렇다고 연우 엄마나 나나 김장이 필요한 것도 아니었다. 며칠 후에 둘 다 친정에서 1년을 먹고도 남을 김치가 택배로 도착할 예정이었다.

"그러지 뭐. 동생이랑 둘이서 200포기 씻으려면 팔 떨어지겠다. 넷이 하면 금방 끝나겠지."

마음에 없는 소리가 나오고 말았다. 어쩔 수가 없었다.

경희 언니와 연우 엄마와 나는 학부모회 일을 하면서 1주일에도 사나흘은 같이 마을을 쏘다닌 사이다. 말 안 되는 일들에 같이 분개하고, 학교 운동회에 쓸 250인분의 컵밥을 만들며 함께 먹은 밥이 족히 수백 그릇은 될 터였다. 서로 남편보다 자주 본다며 허허롭게 웃던 우리 사이가 배추 200포기에 흔들릴 수는 없는 노릇이었다.

열두 시가 다 되어서야 잠든 아이를 차 뒷자리에 눕혔다. 시동을 켜자마자 핫시트 버튼을 누르고 히터도 올렸다. 집으로 돌아오는 내내 마음이 답답하고 시큰거린 것은 차창으로 밀려드는 습기 찬 안개 때문만은 아니었다. 한 손으로 허리를 토닥거리며 나이 마흔이 넘어서야 남을 위해 싫은 일을 말없이 해 보았다는 생각이 들었기 때문이었다.

그동안의 나는 다른 이들이 내민 마음을 당연하다는 듯 받고 삼켰을 뿐, 그들이 얼마나 깊은 속으로 배려해 왔는지 몰랐다. 그들은 이미 오래 전부터 친구의 '저녁 때 여동생이 김장하러 올 거야'라는 한 마디를 귀담아 들으며, 다른 이의 얼굴에 어제 없던 그늘이 있는지를 살피며 살아왔던 것이다. 빨래를 널다, 설거지를 하다가도 이웃이 필요한 것이 무엇인지 미리 짚어보고 손을 내밀었을 것이다. 난 남을 위해 기껏 배추 몇십 포기를 씻는 데에도 이런 인내가 있어야 하는 줄 몰랐다. 평생 그들이 준 것을 받았으면서도 그것을 되갚으며 관계를 쌓아갈 줄도 몰랐다. 밖은 온통 상처뿐이라 한탄하는 나는 다른 이의 아픈 허리를 밟고 서 있었던 것이다.

이 마을이 에덴동산은 아니므로 언제나 아름다운 말과 배려만 오가는 것이 아니고, 모두가 베풀고 보답하는 것도 아니다. 하루가 멀다 하고 깔깔대며 저녁밥을 같이 먹고 같이 여행을 다니던 이들이 갑자기 얼굴을 붉히는 일도 종종 있고, 얄미운 누군가에 대한 뒷담화가 대화에 빠지지 않는 양념이 되기도 한다. 그럴 때마다 이 좁은 마을에서 내 말과 행동을 잘 챙겨야겠다는 긴장감이 들었다. 자꾸만 스스로를 되돌아보고 반성해야 했다. 혼자의 삶에서라면 필요치 않을 일이다.

경희 언니네에 도자기 공방으로 쓸 중고 컨테이너가 들어오던 날이었다. 오랫동안 식당 창고로 쓰였다는 컨테이너는 여기저기 녹이 슬어 있었고, 안에는 때 낀 뚝배기에서 쥐오줌 얼룩진 앞치마에 이르기까지 함바집 하나를 그대로 옮겨 놓은 듯한 쓰레기들이 가득 차 있었다.

"경희 언니네 컨테이너 같이 청소하고 공방 만들 거예요. 내일 시간 나는 사람 와 주세요"라고 퀼트 모임 카톡방에 글을 올렸지만 다음 날 온 사람은 달랑 둘이었다. 공짜나 다름없는 퀼트 수업에는 빠지지 않던 이들이 막상 힘든 일에는 오지 않았다. 학부모회 회의에 빈자리가 너무 많아 민망해 참석해 달라는 문자를 보냈을 때에는 바쁘다는 한 줄 답조차 없었다.

그렇다고 그들에게 마음 놓고 불평할 수도 없었다. 정작 당사자인 경희 언니는 두 명이 와준 것만으로도 고마워 어쩔 줄을 몰라했고, 나 또한 다른 어느 곳에서는 고개를 돌린 사람들 중 하나로 살기 때문이기도 했다.

그렇게 때로 긴장하고 상처 받으면서도 나는 설탕에 꼬이는 개미처럼 언제건 관계로 다시 뛰어들었다. 마음 맞는 친구를 사귀고 그들과 마을의 공방과 찻집에서 온종일 떠들기만 해도 좋았고, 사이드 브레이크가 고장 나 방심하면 후진하는 용달 트럭을 끌고 공방에 둘 중고 의자를 사러 가는 것도 재미있었다. 경희 언니가 알려 준 옆 마을의 버려진 밭에서 작약 뿌리를 캐거나 토박이들이 가르쳐 준 산꼭대기에 있는 농원에서 단돈 2000원에 허리까지 오는 화분을 사기도 했다. 하루 종일 마을 구석구석을 쏘다니다 지나가는 친구의 차를 향해 차창을 내리고 "밥 먹었어? 우리 지금 수제비 먹으러 간다" 하는 것만으로도 로드무비의 주인공이 된 기분이었다.

결국은 흉내에 지나지 않았다 하더라도 어른들의 마음을 보고 배우는 것도 좋았다. 새로운 언어인 듯, 조금씩 타인의 마음을 추측하려 애쓰는 스스로가 대견하기도 했다. 배려를 모르면 어른이 되지 못하며, 다 자랐는지는 얼마나 많이 가졌느냐보다는 다른 이를 얼마나 잘 헤아리며 베푸느냐로 판단된다는 것을 진짜 어른들이 가르쳐 주었다. 내가 배려받기 위해서는 다른 사람을 먼저 배려하면 됐다. 게다가 마을의 관계 속에서 내가 베푼 것은 생각보다 빨리 되돌아왔다.

마을 세레기

말이 쉽지 베풂과 헤아림의 길은 멀고도 험했다. 사실은 여전히 죽기 전까지 가능할지 의문스럽다. 나는 낙제생이었으므로 배우고 익힐 것이 무척 많았다. 저녁밥 쌀을 씻다, 잠자리에 누워서야 남편의 사업이 위태한 친구 앞에서 승진 자랑을 했다는 것을 깨달았다. 나는 수없이 철없는 말실수를 해댔고 뒤늦게야 반성했다. 내 앞에서 실없는 농담을 하던 이들이 잘 섞이지 못하는 나를 위해 자신을 낮춘 어른들이었음도 그제야 알았다. 먼저 손을 내밀어 준 그들이 얼마나 많이 상처 받고 떠나 갔을지를 생각하면 아찔했다. 평생 동안 혼자의 감정에만 몰입해 다른 이에게 조금도 마음을 쓰지 못한 철부지로 살아 왔다.

마을에서 맺은 관계의 수가 많을수록 나는 더 많이 좌충우돌했고 머리는 터질 듯 복잡했다. 가끔은 이 거미줄 같은 관계망에서 벗어나 평화를 찾고 싶을 때도 있었다. 하지만 이 모든 것은 진짜 어른이 되기 위해서 누구나 거쳐야 하는 것이었다. 언제가 될지 장담은 할 수 없지만 관계를 배운 내가 더 나은 사람이 될 것임도 자명했다. 내게는 지금이 아니면 이 필수 코스를 다시 거칠 수 없을지도 모른다는 절박함마저 있었다. 때로는 딸아이만은 훌륭한 학교 안에서 자라고 있음에 안도하기도 했다. 요즘 시대에 희귀한 유산을 이 마을에서라면 물려줄 수 있다는 확신이 있었던 것이다.

관계 속에서 매일같이 부족한 스스로를 발견했지만 가끔은 내 장점을 깨달을 때도 있었다. 완벽해 보이는 사람에게도 이해하지 못할 아집이 있었고 철없고 눈치 없다고만 여겼던 이가 놀랄 만한 헌신을 하는 경우도 있었다. 사람들에게는 누구에게나 그렇게 길고 짧은 면이 있으며, 사람들은 서로의 그런 면을 가끔은 존경하고 혹은 조롱하기도 한다. 그리고 며칠이나 몇 주가 지나면 씻은 듯 잊고 다시 만났다. 영원히 미움 받는 이도, 사랑 받는 이도 없었다. 실수했다면 만회하면 될 일이고, 잘못했다면 그것으로 배움을 삼을 수 있었다.

관계란 그렇게 매끈하고 예리하기보다는 질펀하고 끈끈한 것이다. 가끔은 잘 기억하는 것보다 더 잘 잊는 것이 중요하고, 냉철한 비판과 계산은 날카로운 칼처럼 깊숙이 넣어 두었다 필요할 때에만 꺼내 쓰는 것이 낫다. 그리고 그것을 배울 수 있는 방법은 오직 관계 안에서 충분히 뒹구는 것뿐이다. 청새치를 잡으려면 배를 저어 먼 바다로 나가는 수밖에 없듯이.

빅맨의
야망

낮이 길어지고 장마가 가까워 오면 이 마을에서 흔해지는 것 중 하나가 바로 감자다. 곳곳에서 "감자 키웠어? 좀 줄까?"라고 물어 온다. 마을에서 몇 해를 지나고 발이 넓어지자 나에게도 감자 봉지가 전해졌다. 하필 친정에서도 한 상자를 보내온 터라 남는 감자 봉지를 들고 예일이네 집으로 향했다.

자못 자랑스럽게 "언니, 감자 있수?"라고 묻자 예일 엄마가 "그러게 말이야. 이 동네 사람들 참 징하다" 하며 부엌 한구석을 가리켰다. 그곳엔 감자 두 봉지에 오이, 양파까지 대여섯 개의 비닐봉지가 쌓여 있었다.

"세 식구가 저걸 언제 다 먹어."

예일 엄마가 고개를 절레절레 흔들며 말했다.

머쓱해진 감자 한 봉지에 언니가 떠밀다시피 한 오이까지 안고 돌아오는 마음이 왠지 씁쓸했다.

"언니는 어디서, 어떻게 다섯 봉지나 받았지?"

고등학교 시절 무선전화기에서 시작해 널따란 앤티크 책상까지, 옆집에 있는 많은 것을 부러워해 봤지만 감자 봉지에 질투하게 될 줄은 몰랐다. 그러니까 아마 그 언저리부터였나 보다. 내가 빅맨의 야망을 키우기 시작한 것이.

마을에서 몇 년이 지나자 마음이 넓은 이들, 다른 사람들의 불편한 점을 먼저 헤아리고 배려하는 사람들이 더 사랑 받는다는 것이 확연히 드러났다. 사람들은 그들의 말에 더 귀를 기울였고 그의 말에 더 쉽게 동의했다. 그들은 더 많은 마을 모임에 초대되었고, 그들 앞에서 사람들의 눈빛과 말투는 부드럽게 누그러들었다. 그 집에는 방문객이 많았고 현관문에는 더 많은 텃밭 채소가, 감자와 양파 봉지가, 동화책 상자가 쌓였다. 사려 깊은 이들은 마을에서 더 영향력 있는 사람이 되었다. 이른바 '빅맨'이었다. 이 마을에서는 부자나 고위직이 아니라 더 많이 베풀고 배려하는 사람이 네트워크의 중심에 자리 잡았다.

빅맨이 된다 한들 대단한 이익이 있을 리는 없었다. 관계가 많으니 남보다 많은 정보를 얻긴 했다. 하지만 그 정보라는 것이 큰 이득

이 되지도 않았다. 기껏해야 누가 이사 왔는지, 이웃의 첫사랑이 얼마나 열렬했는지, 또는 근처에 조건이 좋은 전셋집이 나왔는지를 먼저 아는 정도였다. 혹은 지인으로부터 일자리를 권유받을 수도 있고, 품앗이 교육 등을 통해 교육비를 줄이는 등의 다른 소소한 이익이 있기도 했다. 하지만 이 모든 것보다 더 중요하고 가치 있는 것, 그리고 사람들로 하여금 부러움을 불러일으키는 것은 바로 그들이 받는 '사랑'이었다.

이 마을에서는 스스로를 낮추고 다른 사람을 배려하는 이들을 유독 많이 만났다. 외식 한끼를 아까워하면서도 자원봉사를 하고 다른 이의 경조사에 깍듯했다. 매해 같은 외투를 입으면서도 이웃을 위해 지갑을 자주 여는 이들이었다.

"도서관 자원봉사자들이 한 달에 만 원씩 회비를 모으거든요. 그런데 도서관에서 며칠씩 자원봉사로 책 정리를 하면서도 김밥으로 점심을 때워요. 그럴 땐 회비로 맛있는 걸 사 먹어도 될 법하잖아요. 그렇게 모은 회비가 남으면 연말에 초등학교에 장학금으로 내요. 이 사람들 웃겨 죽겠어요. 뭔가 돈으로 움직일 수 없는 자존심이 있는 사람들 같아요."

한 자원봉사자는 이렇게 다른 이들을 칭찬했다.

다 떨어진 딸의 운동화보다 남의 아이 졸업 선물을 먼저 사는 이웃 앞에서 명품을 자랑할 마음 같은 것은 뚝 떨어질 수밖에 없다. 몸살에 걸린 나에게 곰탕을 가져오는 이웃에게, 한동안 뜸했다며 이유 없이 우리 집에 차 마시러 오라고 말 거는 이에게 어떤 식으로든 상처 주고 싶은 사람이 있을까? 마을에는 남모르게 매일 도서관 화장실을 청소하고 퇴비장과 쓰레기통을 살피는 할아버지가 계셨다. 매일 같은 옷을 입고 아이들이 걸려 넘어질세라 무릎을 꿇고 길에 깔린 돌을 망치로 깨는 그 앞에서 애스턴 마틴을 타 봤자 무슨 재미가 있겠나. 그런 이들에 둘러싸여 있을수록, 그들을 사랑하면서 나 역시 그들처럼 존경 받는 빅맨이 되고 싶어졌다.

물리학자 마크 뷰캐넌은 <사회적 원자>에서 인간의 의사결정 방식이 펭귄의 그것과 크게 다르지 않다고 이야기한 바 있다.

다큐멘터리에서 종종 보듯 남극의 얼음언덕 위에는 펭귄떼가 온종일 발을 붙였다 뗐다 하며 모여 있다. 그들이 발 아래의 바닷물에 쉽게 뛰어들지 못하는 이유는 그 속에 맛있는 빙어와 새우뿐 아니라 천적인 범고래가 헤엄치고 있을지도 모르기 때문이라고 한다. 생사가 걸린 일이니 대부분의 펭귄은 좀처럼 물 속에 먼저 뛰어들지 않고 서로의 눈치만 본다. 어쩌다 성질 급한 펭귄 한 마리가 뛰어들고 바닷물에 핏빛이 번지면 언덕 위의 펭귄들은 아직 식사 시간이 되지 않았음을 안타까워한다. 반대로 동료가 통통한 오징어를 물고 힘차게 떠오르면 수백 마리의 펭귄들은 앞다투어 물 속으로 뒤따른다.

사람들 또한 세상 만사에 합리적인 분석과 긴 숙고를 하기보다는 펭귄의 방법을 자주 사용한다. 먼저 뛰어들기보다는 다른 사람의 행동을 보고 모방하거나 판단을 수정한다. 이왕이면 긴 줄이 늘어선 식당이 맛집일 거라고 추측하고, 아무도 줄 서 있지 않은 공중화장실 칸의 문을 열어보는 모험을 시도하는 이는 드물다. 우리는 핸드폰이나 자동차가 필요하기 때문보다는 다른 사람이 사기 때문에 사고 결혼 시기, 교육 기간, 옷, 신발, 집의 크기, 몇 명의 아이를 몇 살에 낳을 것인가, 어떤 이성과 결혼할 것인가 등 인생에 있어서 굵직굵직한 결정들을 그냥 다른 사람들이 하는 방식으로 한다.

펭귄이 그러하듯 나는 더 많이 베푸는 이들이 신뢰와 사랑을 받는 것을 본 후로 그들을 모방하고 사랑 받는 사람이 되고 싶었다. 방법은 다른 사람에게 더 많이 베풀고 겸손해지는 것이었다. 맨해튼에서처럼 부족의 기준을 받아들이고 그것에 맞추는 것이다. 다른 사람을 배려하는 마음 앞에서 돈이 보잘것없어지는 경험은 공고한 가치관에도 균열을 만들었다. 어퍼이스트사이드에서 에르메스 버킨백이 없다면 대접받지 못하는 것처럼 이 마을에서는 선함과 배려의 습성이 없이는 좋은 부족원이 되기 어렵다는 것을 나는 눈치챘다.

그리고 신기하게도 평생 사라지지 않을 것만 같던 레인지로버와 버킨백에의 욕망이 관계에의 욕심으로 바뀌기 시작했다. 점차 다른 사람에게 보이고 싶은 욕심은 줄었고 어쩌다 예전 직장에 들고 다니던 조금 값나가는 가죽가방을 든 날이면 구석에 옷가지로 덮어 두어야 마음이 편해졌다. 비싼 가방이나 옷이 마을 사람들이 애써 만든 평화를 공격하는 일 같았다.

심지어 눈밭을 오르지 못하는 10년 된 경차가 뿌듯해지기까지 했다. 작은 차는 내가 이 마을의 진정한 일원이라는 증거였다. 이 마을에서는 크고 번쩍거려 다른 사람의 기를 죽이고 관심을 끄는 비싼 차도, 파크애비뉴처럼 헬리콥터도 필요치 않았다. 얼마나 날렵한 탈

마을 세례기

것을 가졌는가로 나를 판단하지 않는 자랑스러운 친구들에 둘러싸여 있었고, 그들에게서 충분히 사랑 받고 있기 때문이었다.

도시는
낯설어

몇 달 전, 주차할 곳을 찾지 못한 나는 길 건너 편의점 근처에 차를 세웠다. 정확히는 편의점 앞에 펼쳐진 100평 가까운 공터의 가장자리였고, 주변으로는 80평 정도의 차를 세울 만한 공간이 있었다. 사이드 브레이크를 채우고 안전벨트를 푸는 나에게 편의점 문을 열고 나온 주인이 소리쳤다.

"아니, 왜 남의 땅에 주차를 해욧!"

아마도 그녀는 주차장 때문이 아니라 그저 화낼 곳이 필요한 것 같았지만 잠자코 차를 빼는 수밖에 없었다.

그날 오후, 마을의 도서관 구석에서 일을 하고 있을 때 한 젊은이가 조심스레 말을 건넸다.

"저기, 점심 드셨어요?"

마침 일요일이라 도서관 옆 시골교회에서 공동식사를 하는 모양이었다. 교인이래야 몇 명 안되니 내가 교회에 다니지 않는 것을 뻔히 알았겠지만 그냥 따뜻한 밥을 챙기고 싶었던 것이다. 생전 처음 보는 사람에게조차.

편의점과 이곳 사이에는 허술한 도로 하나가 있을 뿐이지만 분명 확연한 경계가 있었다. 다른 세계에서 온 사람처럼 나는 종종 동네 바깥에서 낯선 공기를 느끼곤 했다.

한번은 마을 밖에서 누군가의 "이번에 쓴 직원이 영 마음에 안 들어"라는 말에 씁쓸해졌다. 사람을 '쓴다'거나, '마음에 안 든다'고 평가하는 공격성이 불편했다. 백화점 지하주차장에서 마스크도 쓰지 않은 아르바이트 안내원을 보는 것이 심란해 '남의 집 귀한 아이들을…'이라고 중얼거리지 않을 수 없었다. 마을에 사는 동안 누구도 내게 "타인을 존중하라"고 조언하거나 훈계한 적이 없다. 하지만 내게는 어느새 그들의 존중이 몸과 마음에 배어들었고, 그리하여 예전에는 머리로만 옳지 않았던 것들이 마음으로 불편해지기 시작한 것이다.

나를 포함한 마을 사람들이 가죽가방과 큰 차를 잊어가는 동안에도 마을 밖에서는 여전히 그 인기가 사그라들지 않았다. 그래서 오랜만에 널따란 도시의 길을 걷는 나에게는 타인을 순식간에 스캔하는 이들의 눈빛이 느껴지기도 했다. 어떤 옷을 입었는지, 헤어 스타일은 어떤지, 어떤 가방을 들었는지에 대한 관심이 현저히 떨어진 마을 사람들은 아마 조금 촌스럽게 보였을 것이다. 하지만 헐렁한 바지에 에코백을 맨 나와 친구들은 서로 비교하며 내 위치를 확인할 필요가 없었다. 나는 당당하고 숨길 것이 없었다. 나는 이미 수많은 사람에게 사랑 받고 있는 존재였기 때문이다.

내가 더 사랑스러워지니 목소리에 힘이 생기고 당차졌다. 아이들의 통학로를 만들기 위해 자기 시간을 쪼개 시장과 국회의원을 찾아가는 사람들과 지내다 보니 길가에 찌그러져 들썩거리는 맨홀 뚜껑도 그냥 지나치지 못하게 되었다. 무거운 짐을 든 할머니가 지나가도, 엄마를 찾는 아이의 울음 소리도 신경이 쓰이고 조금씩 오지랖이 넓어졌다. 모르는 것이 있으면 스스럼없이 사람에게 말을 걸었고, 두리번거리는 사람이 있으면 먼저 가서 "어디 가시려고요?" 하고 묻고 싶어 몸이 근질거렸다. 여름철 동네 골목길에서 자동차가 엉키자 차 문을 열고 나가 교통정리를 하는 나를 보고 남편은 혀를 내둘렀다. 내 일이 아니니 귀찮아질 뿐이라는 생각보다는 내가 좀 번거로워지면 다른 사람에게는 큰 도움이 될 수 있다는 이 마을 펭귄들의 사고방식에 전염되어 버렸다.

이는 마을에서 받은 존중의 힘이었다. 사랑 받는 이들은 다른 사람을 사랑하고 존중하는 법을 알게 되며, 자신이 그것을 알고 있는 공정하고 아름다운 사람이라는 점에 자신감을 얻는다. 마을의 어른들은 내가 불안과 수치의 카드를 뒤집어 엎고 다른 이에게 자존의 카드를 먼저 내미는 법을 가르쳐 주었던 것이다.

차로 5분만 나가면 넓은 집과 좋은 차가 다른 사람의 관심과 신뢰를 받는 수단이었고 그런 분위기에서 인생의 거의 전부를 보낸 나조차 마을의 분위기에 놀랄 만큼 쉽게 동화되고 바뀌어 갔다. 평생 바뀌지 않을 것 같던 습성도 단 몇 년 만에 허물어졌다.

이기심에 비해 비생산적인 것으로 치부되던 배려나 존중, 평등의 자산은 실제로는 치유와 소통, 관계라는 중요한 가치를 가진 것이었다. 게다가 이는 전염성이 강하고 생각보다 쉽게 선순환되는 것이다. 나를 포함한 많은 사람들이 이 마을에서 조금씩 바뀌었을 뿐 아니라 다른 사람을 바꾸기도 했다.

3부 ―

발효의 마을

마을에서 만난 사람들

아, 나 이 동네
너무 사랑해!

"내가 처음 손톱에 봉숭아물을 들였을 때 우리 아빠가 칼과 도마를 가져 왔잖아. 손가락을 잘라 버리겠다고."

도서관 나무 책상에 마주앉은 그녀가 말했을 때 놀라움을 감추기가 쉽지 않았다. 그녀는 덤덤히 덧붙였다.

"조금이라도 내 색깔을 드러내는 것은 맞아야 하는 일이었어."

그녀의 생은 어느 페이지를 펴도 즐거운 명랑만화인 줄로만 알았다. 평강은 옷자락을 휘날리며 아침에 미술 동아리에, 점심에는 학교 도서관에, 오후에는 이웃집 아이의 생일파티에 나타났고 그녀의 식탁에 앉아 보지 않은 마을 엄마는 거의 없었다. 적어도 웃음의 크기와 횟수, 칼로리 소비량과 주유비에서 그녀를 당할 사람이 없어 보였다. 나는 늘 사람들에 둘러싸인, 친구를 사귀는 데 남다른 능력이 있는 것 같은 그녀를 남몰래 부러워하고 있었다.

"날 낳던 날 아버지가 회사에서 실직하셨대. 재수 없는 애라고 탯줄은 바다에 던져 버렸대."

하지만 이런 예상치 못한 도입부라니.

"'감정의 쓰레기통'이란 말 있잖아요. 우리 가족에게 내가 그랬어요. 부모님은 어떻게든 가난을 벗어나야겠다는 생각밖에 없었고 집 밖에서 힘든 걸 나에게 푸셨던 것 같아요. 오빠도 비슷했고. 엄마는 그 와중에도 시골에서 흔치 않게 나를 갖은 학원에 보냈어요. 나름대로는 딸을 완벽하게 관리하고 싶으셨던 것 같아. 그래도 엄마가 무서워서 학원 가기 싫다는 말을 한 번도 못해 봤어요. 이제 부모님은 그림 같은 이층집도 지으셨고 차고에는 아우디도 있어요. 그래도 아직 해외여행 한 번을 못 가세요. 조금이라도 마음을 풀고 여유를 갖는 게 무서우신 거야."

얼마 전 엄마가 사 보냈다는 화려한 옷과 신발을 보여 주면서 그녀는 부모에게 따뜻하게 안겨 본 기억이 없다고 말했다.

"예쁜 공주님이시네요."

간호사에게서 고물거리는 첫딸을 받아 안으면서도 평강은 이상하리만큼 행복하지 않았다고 한다. 기쁨보다는 두려움이 컸다. 스스로가 좋은 부모를 겪어 보지 못했기 때문에 아이를 잘 키울 수 없을 것만 같아서였다. 철학 책과 양육서, 종교서까지 찾아 읽었지만 어디에도 답은 없었다. 그녀가 아는 건 자기 부모의 방법이 틀렸다는 것뿐이었다. 그녀의 엄마와는 달리 딸이 싫어하는 일을 강요하지 않았고 빠르면 서너 살부터 셈이나 글씨를 배운 다른 아이들에 비해 조금 느려도 그러려니 했다.

하루는 초등학교 2학년 딸아이의 같은 반 학부모 여섯이 그녀를 카페로 불러냈다.

"왜 아이를 그렇게 키워. 99퍼센트가 맞다고 하면 1퍼센트인 네가 틀린 거야."

반 엄마들은 낡은 티셔츠를 그만 입으라고, 담임 선생님에게 들꽃을 가져다 주지도 말라고 조언했다.

그녀의 딸은 갓난아이 때부터 10여 분마다 잠에서 깨어 데인 듯 울었고 자라서도 불을 끄면 잠들지 못했다. 보다 못한 그녀가 일곱 살 딸아이에게 버럭 소리를 질렀다.

"불 꺼!"

"못해요, 엄마."

아이는 울면서 몸을 떨었다.

"불 끄란 말이야!"

평강은 스위치 아래로 딸을 질질 끌며 다시 소리쳤다.

"아버지가 방문을 차며 욕을 할 때 저도 그렇게 쪼그려 앉아 바들바들 떨었거든요. 딸에게서 어릴 적 내 모습을 보는 게 너무 싫었어요. 따지고 보면 내 안에 있던 불안이 아이에게 간 걸 텐데도… 전 지금도 항상 스스로를 부정하고 감시해요. 잠재한 부모의 폭력이 밖으로 튀어나올까 봐 두렵거든요. 하지만 아무리 애를 써도 가끔은 무너져 버려요. 아이들을 위해서라도 안되겠다 싶어 3년 동안 심리상담을 받았어요. 상담 가는 전철 안에서 쓰러진 게 몇 번이었는지 몰라

발효의 마을

요. 마음의 저항이 몸으로 나타났던 거죠. 살갗을 벗겨 내는 일 같았
어요."

"마을에서는 어땠어?"

내 물음에 그녀는 머그잔을 탁, 내려 놓더니 환하게 웃었다.

"그런데 그 1퍼센트가 다 이 마을에 모여 있는 거야!"

그녀가 이곳을 알게 된 것은 2년 전 한 시민단체의 캠프에서였
다. "뭐 하는 캠프야?"라고 그녀가 묻자 친구는 "아무 것도 하지 않는
캠프"라고 답했다고 한다. 정말 이래도 되나 싶을 정도로 정해진 것이
없는 캠프였다. 차에서 내린 사람들은 숲속 한옥 마당에 방목되었다.
아이들과 물놀이로 한나절을 보내고 아궁이를 하릴없이 뒤적거리고
있자니 누군가 웃으며 감자 한 바구니를 가져다 주었다. 툇마루에 발
을 뻗고 구운 감자를 먹으며 숲에서 울려오는 대금 소리를 들었다. 마
당 한 켠에서는 중년의 목수가 망치질을 하고 있었다. 아이들이 기웃
거리자 그는 대패로 나무를 다듬고 처마 올리는 법을 설명해 주었다.

"알고 보니 대금을 불던 아저씨랑 처마를 수리하던 목수가 그
캠프의 주최자더라고요. 대안 공동체에 꿈이 있어서 손수 한옥을 짓
고 캠프도 여셨다는 거예요. 캠프에서 밤새도록 그분들과 이야기를
나누면서 가슴이 터질 것만 같았어요. 학자면서 대금을 가르치고, 교
수면서 요리사고, 목사면서 농부로 살고… 경계가 없이 자유로워 보
였어요. 자신이 행복으로 충만하니 다른 사람도 존중하고 배려할 줄
아는 사람들 같았죠."

아마도 그녀는 그때 꿈꿔 왔던 너그럽고 배려하는 마음 속의 부

모를 찾은 듯했나 보다. 그날 밤, 캠프 설립자들이 한 동네에서 교회의 부목사, 마을의 작은 어린이도서관 개관준비위원, 목공방의 선생으로 만났다는 것을 안 그녀는 집으로 돌아온 다음 날로 부동산에 갔다. 그리고 석 달 후에 이 마을로 이사를 왔다.

아직 학자금대출 상환이 끝나지 않은 터라 마음 속에 그리던 예쁜 전원주택에 세를 얻지는 못했다. 아이가 걸어서 학교에 가기도 힘들었고 자전거를 탈 공원 하나 없는 마을이었다. 이사 온 후로 한 해 동안은 사람들을 거의 만나지 않았다. 그녀는 사춘기 이후로 줄곧 세심하게 남을 배려하는 사람으로, 언제나 웃는 사람으로 살아왔다고 했다. 이제 그 피로를 더 이상 견디기 싫었던 것이다. 그렇게 이사 후로는 사람들과 친해지려 노력하지도, 억지로 웃으려 애쓰지도 않았고 가족들에게도 감정대로 화를 냈다. 그녀는 이때가 '가면을 벗는 시간'이었다고 했다.

이사 온 지 얼마 안되어 그녀를 우리 집에 초대했을 때 평강은 지나치다 싶을 만큼 자신이 다녔던 회사와 인생사를 구구절절 얘기했다. 지금과는 사뭇 달랐던, 어쩐지 강풍에 코트 깃을 부여잡은 듯 그녀가 방어적으로 느껴졌던 이유를 그제서야 알 것 같았다.

그즈음 평강은 가끔 마을의 작은 도서관에 들렀다. 책을 고르는 등 뒤로 동네 아줌마들의 수다와 아이들이 노는 소리가 들렸다. 이 도서관은 항상 사람들로 북적거렸고 드나드는 이들은 친해 보였다. 그들은 늘 만났던 사람처럼 그녀에게 말을 걸고 가방에서 꺼낸 빵이며 과일을 권했다. 어느덧 그녀는 낙서 가득한 책상에 앉아 꽃이 피는 줄, 지는 줄도 모르고 이야기를 나누었다. 굳이 애쓰지 않았는데도 마을에서 아는 사람이 늘어났다. 그녀의 새된 목소리는 금세 깔깔거리는 웃음 속에 파묻혔다.

"예전 마을과는 달리 이곳 사람들은 내가 무슨 짓을 해도 그러려니 하더라고요. 간섭이 없는 거죠. 처음엔 무심한 사람들인가 생각했는데 이상하게 존중 받고 있다는 느낌이 들었어요. 그냥 나를 있는 그대로 지켜보고 기다려 주는 것 같다고 할까? 예전처럼 지지 않겠다고 이 악물고 버틸 필요가 없어지니 마음의 독기가 빠지는 것 같더라고요. 아이들도 점점 안정을 찾았어요. 딸이 얼마 전에 '엄마 이 동네 와서 착해졌어' 하던데요.. 하하."

이사 온 지 1년쯤 후에 그녀는 용기를 내어 도서관의 그림책 연극팀에 합류했다. 그녀는 도서관에서 인형극을 만들고, 학교에서는 사서로 도서관의 분위기를 바꿔 놓았다. 이제 셀 수 없이 많은 마을 모임에서 그녀를 만날 수 있다.

"살이 더 쪘구만."

"마음 편하고 행복하니까 그렇지, 엄마."

"내 눈엔 하나도 안 행복해 보여. 옷은 그게 뭐냐."

아직까지도 평강의 엄마는 그녀에게 그다지 친절하지 않다. 하지만 이제 그녀는 엄마의 옷과 몸매에 대한 까탈이 가난한 어린 시절 낡은 옷으로 받은 상처 때문임을 알 것 같다. 궁핍한 삶에 말라붙은 마음이 어쩔 수 없이 엄하고 모진 엄마로 만들었으리라, 먼저 이해하고 늙은 부모에게 따스한 말을 건네는 평강이 존경스럽다.

올해 여름, 그녀는 비 오는 도서관 마당에서 동네 사람들과 모 깃불을 피워 놓고 흑백영화를 보았다.

'아, 나 이 동네 너무 사랑해!'

평강은 톡 터지는 옥수수 알갱이를 씹으며 생각했다. 이 마을의 한 사람이 된 것이 그녀는 좋았다.

지금 행복하니?
그럼 된 거야

현지의 엄마는 미술에 천부적이었던 언니와 공부를 잘했던 동 생에게는 극진했지만, 현지에게는 학원에 다니고 싶느냐고 한 번도 물어본 적이 없었다. 그래도 그녀는 엄마에게 자신을 봐 달라고 말하 지 못했다.

"대학 졸업하고 회사에 들어갔는데 이유 없이 눈물이 나고 모든 일에 의욕이 없어지기 시작했어요. 시기적절하게 회사에서 받은 심 리상담이 도움이 됐어요."

그녀는 유년 시절에 시골에서 나무 그네를 타고 바위에 이름을 붙여 주며 자랐다. 아홉 살이 되던 해에 도시로 이사를 갔는데 집 앞 의 골목길이 너무 길고 깊어서 그 끝에는 괴물이 있을 거라고 상상했 다. 그녀의 기억 속에 남은 도시의 집은 어둡고 잿빛이다. 이사 후 두 어 달을 시름시름 앓았다. 향수병이었다. 결혼 후에는 산으로 둘러싸 인 아파트로 이사를 하고 캠핑을 다녔지만 여전히 시골이 그리웠다. 마음에 자연에서 위로 받은 기억이 남아 있었던 것이다. 결국 남편과

상의 끝에 이 마을로 이사를 왔다.

이사 온 지 얼마 안돼서 만난 그녀는 "언니, 이 동네 너무 재미있어"라고 눈을 동그랗고 뜨고 말했다.

"어제 오후에 동네 카페에 아르바이트 면접을 갔거든요. 아홉 시부터 오후 세 시까지라는데 도저히 시간이 안 나서 그냥 포기했어요. 노는 건 포기가 안 되니까, 호홋. 면접 보는 와중에도 ○○네 집에 모였으니 얼른 오라고 전화가 온 거예요. 친구랑 부침개에 진달래 막걸리 한잔했지."

'나는 바쁘고, 갈 곳도 오라는 곳도 많고, 심지어 그곳에서 즐거워'라는 자랑이지만 밉지가 않다. 나도 그녀를 따라 배시시 웃고 있다.

"나는 목표가 있으면 빨리빨리 가야 직성이 풀리는 사람이거든요. 그런데 이 마을에서 만난 사람들은 그게 아닌 거야. 산 속에 핀 풀 이파리, 꽃잎 하나하나를 들여다보며 걷는 사람들인 거예요. 처음엔 복장 터지다가도 같이 해 보니 그것도 새로웠어. 처음 보는 사람을 쉽게 집에 초대하고 어울리며 산다는 것도 나한테는 충격인 거야."

그녀도 아마 나와 비슷했나 보다. 조금 다른 삶을 택한 사람들도 많으며 정해진 대로 살지 않아도 행복해질 수 있다는 것을 이 마을에서 경험한 것이다. 그리하여 누구에게나 자신만의 행복이 있으며, 그것은 많은 돈이 들거나 오랜 시간을 들이지 않아도 가능하다는 것도 알게 되었을 것이다. 꽃을 좋아하는 사람은 꽃에 시간을 들이고, 노래를 좋아하는 사람은 노래에 시간을 들이고, 이를 다른 사람들과 나누는 것만으로도 삶은 풍요로워졌다.

"하루는 우리 애들이 비 오는 날 우산도 안 쓰고 물웅덩이에서 막 첨벙거리며 노는 걸 보고 '나라면 저렇게 할 수 있었을까' 생각하니까 기분이 좋아지더라. 애들은 내가 하지 못한 것을 경험하며 지내는 것 같아서. 우리 애들에게 예전 도시 학교 시절은 기억에도 없어 보여요. 사실은 여기 오기 전까지 내가 헬리콥터맘이었거든요. 큰애를 세 살 때부터 영어학원에 피아노, 무용, 합창 수업까지 하루 종일 픽업을 다녔으니까. 성악 개인교습 시키고 비싼 드레스 사 입혀 가면서 텔레비전 노래자랑 프로그램까지 나갔어요. 나중에는 집에서 엄마표 영어를 막 시켰지."

요즘 그녀는 해질녘까지 운동장에서 놀던 아이에게 돌아오는 차 안에서 묻는다.

"살아가면서 행복하면 좋겠다. 행복하니?"

"응. 행복해."

"그럼 됐어."

며칠 전 그녀는 말했다.

"아이를 그렇게 잠시도 쉬지 못하게 했던 게 내 불안 때문이었다는 것을 이제야 알게 됐어요. 저 때문에 아이가 많이 힘들었을 텐데 말도 못하고 견딘 걸 생각하면 안쓰러워요. 아이들은 안정된 정서 속에서 자라기만 한다면 스스로 할 일을 찾는다는 걸 이 동네에 와서야 알았어요. 좋은 가정에서 자랐다면 나도 무엇이든 잘 해낼 수 있었을 거야. 내가 불행했던 건 엄마가 학원에 보내주지 않아서가 아니란 걸 예전 동네에서는 몰랐어. 여기 와서 어느 순간 느끼게 된 거야. 신기하지."

그녀를 이렇게 바꾼 것은 무엇일까? 나는 그것이 사랑이라 추측한다. 살갑고 쾌활한 그녀는 마을의 많은 곳에서 사랑 받고 있다. 오랫동안 갈구하던 것을 찾은 것처럼, 그것만으로 그녀는 많은 것을 깨달은 것처럼 보인다. 아이를 성장시키는 것은 학원이 아니라 관심과 배려라는 것을, 행복은 여럿이 누리는 시간에 있음을.

놀이에서
생업으로

정필주 씨는 부모의 교육열에 힘입어 외국어고등학교를 졸업했고 대학 입학 후 연극 동아리에 든 것을 계기로 영화에 빠져들었다. 졸업 후에는 영화 제작과 기획 일을 시작했지만, 한국영화 붐이 사그라들면서 생계마저 위협을 받았다. 아파트 전세금을 빼서 영화 제작에 투자했지만 실패했고, 어떻게든 영화판을 완전히 떠나지는 않겠다는 생각으로 매니지먼트, 댄스와 보컬학원에 손 대기도 했지만 역시 뜻대로 되지 않았다.

10여 년 전 그는 아내 한덕희 씨와 함께 두 딸과 애완견 두 마리를 위해 이 마을의 단독주택으로 이사를 왔다. 처음 이사 왔을 때만 해도 정필주 씨의 집 주변 1킬로미터 안에 인가가 한 채도 없었다. 아이가 초등학교 병설유치원에 입학하기 전에는 동네에서 아는 사람도 거의 없었다. 아이 둘이 초등학교에 다니면서부터 학부모들과 자주 어울렸다. 몇 년 후에는 남동생과 함께 땅콩집을 손수 지으며 본격적인 마을 정착민이 되었다.

그가 땅콩집의 대부분을 스스로 지을 수 있었던 것도, 마을에서 '정목수'로 불리게 된 것도 마을의 목공방 덕분이다. 마을에는 누구나 회원이 될 수 있고 회비도 무료인 목공방이 있다. 다른 사람들의 힘든 일을 모른 체하지 못하는 그는 목공방을 드나들다 자연스럽게 마을의 축제나 도서관 일을 도왔다. 목공방의 여름 차양을 치는 일을 돕고, 도서관 보수에 필요한 목재를 사러 가는 일에 트럭을 끌고 나타났다. 그렇게 2년이 흐른 후에 마을 교회의 안홍택 목사가 작은 영화제를 만들어 보는 것이 어떻겠냐고 물어 왔다. 이제 '모깃불 영화제'의 총감독인 그는 상영할 영화를 고르고 영사기를 준비할 뿐 아니라, 모깃불에 볏짚을 넣고 관람객들에게 감자나 옥수수를 나눠 주는 일까지 한다.

정필주 씨의 아내 한덕희 씨는 대학 졸업 후 투자자문 회사에 다니다 그만두고 작은 사업을 하고 있다.

"남들은 가지 못해 안달인 그 직장을 왜 관뒀어요?"라는 내 물음에 그녀는 "도저히 못 다니겠더라고"라고 답했다. 더 이상 물을 필요가 없었다.

그녀는 사람 만나 일 벌이는 것을 좋아해 그동안 여러 가지 마을 일을 해 왔다.

"이 일만으로는 수입이 좀 부족한 듯해."

몇 년 전 만난 한덕희 씨가 하던 사업이 수월치 않다는 듯 말한 기억이 있다. 부부가 빠듯한 가계를 걱정하다 부업을 알아보던 중에 생각지 않은 의뢰가 들어오기 시작했다. 마을에 아는 사람이 늘어나고 정필주 씨의 아마추어 수준을 넘어선 목공 솜씨가 소문이 나면서 마당의 테라스나 카페 인테리어, 마을 공연단의 무대 제작을 부탁하는 이들이 생겨난 것이다.

"하지만 아직도 이대로 영화 일을 못하는 거 아닌가 생각하면 자다가도 벌떡 깨요."

정목수라 불리지만 그에게 목수일은 아직 '직업'이 아니다. 먹고 살기 위한 '생업'일 뿐이다.

"사람에게 직업과 생업이 다를 수 있죠. 목수는 저에게 일종의 생업이에요. 요즘은 스스로가 돈에 대한 생각이 많이 달라진 걸 느껴요. 사람들은 즐거운 시간을 위해 돈을 벌지만 대신 즐겁게 보낼 시간을 남에게 주죠. 어떻게 보면 모순인 거예요."

그래서 그는 생업으로 살아가기 위한 비용만 벌고 다른 시간은 자신을 위해 쓰기로 했다.

"예전에 머리 쓰는 일을 할 때엔 퇴근을 해도 거의 일 생각이 머릿속에 있었던 것 같은데 목수일은 그렇지 않아요. 직접 해보니 정해진 시간만 일에 몰두하고 돌아서면 잊어버리는 이 일이 내게 더 맞더라고요."

그는 목수일 틈틈이 마을 청년들에게 다큐멘터리 제작법을 강의하고 마을공동체 행사의 총감독도 자처했다.

한덕희 씨는 최근에 아끼던 동네 서점의 운영이 어려워지자 마을 사람들로 협동조합을 구성해 서점을 살려내고 매니저가 되었다.

정필주 씨가 턱시도를 입고 칸느에서 엠마 스톤과 서지 못한 것은 아쉽지만 이제 두 사람의 시간은 예전보다 자신이 좋아하는 일들로, 손에 잡히는 행복들로 채워져 있다. 부부는 쉬고 놀면서 사람들을 모았고, 의도하지 않았지만 그것이 새로운 직업의 계기가 되었다.

이승하 씨도 아이와 같은 학교 학부모인 정필주 씨의 소개로 목공방 회원이 되었다가 지금은 목공을 직업으로 하고 있다. 이승하 씨는 원래 구로디지털단지에서 앱 제작 회사를 운영했다고 한다. 어느 날 직장에서 일하던 그는 몸이 마비되는 것을 느끼고 혼자 다리를 끌고 가장 가까운 종합병원으로 갔다. 뇌출혈이었다. 급한 뇌수술 후에도 오른쪽 반신이 제대로 움직이지 않았다. 3개월의 재활치료 후에야 팔다리의 대근육이 움직였고 소근육이 돌아오기까지는 1년여의 시간이 더 걸렸다. 그의 나이 마흔에 있던 일이다.

"사람이 죽을 때면 과거가 주마등처럼 지나간다던데 저는 과거가 아니라 앞날이 생각나더라고요."

가족의 장래를 걱정해야 했을 만큼 사고는 젊은 나이에 갑작스레 그를 찾아왔다. 어쩔 수 없이 회사를 접고 재활치료를 하던 중 2년 정도 마을 목공소를 오가다 취미가 직업이 되어 지금은 가구회사에 다니고 있다.

"예전에는 눈에 띄는 오류만 없으면 납품 기한에 맞춰 코딩하기에 급급했거든요. 지금 다니는 회사도 마음에 들지 않는 부분이 있고 돈을 벌기 위한 곳이란 점에서는 예전과 다를 바 없어요. 그런데 이상하게 이 일을 하면서는 눈에 안 보이는 부분에도 신경이 쓰여요.

발효의 마을

이를테면 의자 다리와 몸통 짜맞춤 같은 곳은 쉽게 감춰지니 큰 하자만 없으면 넘어가도 되거든요. 회사에서도 그러길 바라고요. 그런데도 흠 없이 마무리하고 싶은 욕심이 있어요. 그럴 때면 예전부터 나한테 이렇게 사소한 것을 놓치지 않고 느리게 사는 것에 대한 동경이 있었다는 걸 깨닫죠. 나도 몰랐던 내 모습을 요즘에야 보는 거예요."

그의 말을 들으며 정원의 햇살 속에서 행복하던, 좀 더 일찍 좋아하는 것에 앞뒤 가리지 않고 뛰어들었다면 좋았겠다 생각한 내가 떠올랐다.

"예전보다 효율성 낮은 일일지도 모르지만 이런 방식이 저를 좋은 방향으로 데려가 줄 수 있는 유일한 길이라고 생각하고 있어요."

두 손발 들고 정원 속의 나를 받아들였던, 그렇게 오랜 길을 돌아 다시 글을 쓰고 있는 나는 그의 말을 이해할 것 같았다. 이승하 씨는 이제 예전처럼 스스로를 축내는 노동은 다시 하지 않을 것 같다고 한다.

마을에서
꽉 쥔 손을 펴다

"전 이 마을에 와서 할 수 있는 것을 발견해서 행복해요. 조금만 해도 잘했다고 칭찬해 주고 반짝반짝 사과를 닦듯 따뜻하게 봐 주는 시선 덕분에 스스로 긍정적이 된 것 같아요. 온몸에 힘을 주고 '나 정말 잘하고 싶은데' 하다가 나도 모르게 꽉 쥔 손을 펴고 자유로워진 거죠. 지금 생각하면 힘을 빼고 자기 것만 주장하지 않아야 진짜 성장을 할 수 있는 것 같아요. 이루고 싶고, 갖고 싶은 욕심은 사람을 고인 물로 만들어 버리고요. 어렴풋이 예전부터 흘러가는 사람이 되고 싶다는 꿈이 있었는데 이 마을에서 그렇게 된 것 같아요. 예술뿐만 아니라 노동에서도요."

그제서야 오래전 마을 여기저기에서 몇 번 스쳤던 자연 씨에게서 나와 비슷한 것을 느꼈던 기억이 났다. 그것은 '욕심'의 모양을 한, 잘하고 싶고 인정받고 싶은 욕구가 뿜는 긴장이었다. 내게도 비슷한 욕구가 있었기에 그녀에게서 그것을 읽을 수 있었다.

"입시와 대학교를 지나는 5년 동안 그림에만 매달렸어요. 1주일에 2, 3일은 작업실에서 밤을 새고, 집에선 잠만 자고 나와 아르바이트 가고, 다시 학교로 쳇바퀴를 돌며 살았죠. 한예종 입학 즈음에 남편이랑 사귀기 시작했는데 내가 화실에서 좀체 나가지 않으니 제대로 된 데이트도 거의 못해 봤어요. 그렇게 죽기 살기로 매달렸는데도 그림이 영 마음에 들지 않는 거예요. 그때 한 교수님이 "자연아, 넌 좀 놀아야 돼" 하시더라고요. 그게 무슨 말인가 싶고 교수님이 야속하기도 했어요. 그리곤 5년을 이렇게 했는데도 안 되는 거면 포기해야겠다 싶어 그림을 관뒀죠."

그녀가 마을로 이사 온 첫 해에 둘째 아이가 아파 입원을 했다. 두 달이 지나도록 퇴원 허락이 떨어지지 않았다. 그즈음 마을의 카페에 중고 옷을 기부하러 들렀던 그녀의 어머니가 자원봉사를 하는 교회 사람에게 우연히 손주가 입원 중이라는 말을 한 적이 있었다. 그리고 며칠 후 교회에서 한 분이 병원으로 문병을 왔다.

"얼굴도 한 번 본 적 없는 사람이 봉투까지 주고 가니 좀 당황스러웠어요. '이 동네 뭐지? 내가 뭐라고 이런 걸 다 주지?' 생각했죠."

오랜만에 그녀가 붓을 다시 잡게 된 것은 아들의 공동육아 어린이집 학부모들이 졸업 선물로 아이들의 초상화를 부탁해서였다. 며칠 밤을 새면서 열댓 명 아이들의 얼굴을 그렸는데 그 그림이 신기할 만큼 마음에 들었다.

"그때 제가 달라졌다는 것을 느낀 거예요. '잘하고 싶은데…' 할 때에는 안되던 것이 풀리고 갑자기 내가 원하는 곳으로 훅 갔다는 느낌이 들었어요. 되게 기뻤죠."

그때부터 다시 붓을 잡을 용기가 났다.

"지금은 이 마을에서 나가면 일이 더 안될 것 같아요."

"왜요? 자연 환경이 없어서일까요?"

"처음 이 마을에 온 이유는 자연 때문이었지만 지금은 예술가들의 네트워크 때문이에요."

"마을에 예술가의 네트워크가 있나요?"

"딱히 정해진 네트워크라기보다는 이 마을에서 다양한 판이 벌어지는 거죠. 누군가 마을의 백일장을 준비하면 나는 포스터를 그리고, 플래카드도 만들어요. 그러면 또 누군가는 긍정적인 피드백을 주죠. 서울에서는 안 되거나 못할 일을 이곳에서는 그렇게 하게 되는 거죠. 그러면서 내가 발전하고요. 제게 창작은 항상 스트레스였는데 여기에서는 처음으로 스트레스가 즐거워지는 경험을 했어요. 이런저런 일을 하면서 이곳에서는 사람을 어떻게 저렇게 대할까 싶을 때가 많아요. 소소한 일들에서 그동안 사람 중심이 아닌 삶을 살았다는 것을 자주 깨닫기도 했고요. 오랫동안 경쟁 사회에 있었구나, 사람은 이렇게 배려하고 배려 받으며 살아야 하는 존재인데, 싶더라고요."

에코백 여섯 개를 차에 싣고 다니며 그림을 그리고 프랑스어 수업을 듣던 즈음, 내가 다른 사람보다 잘하고 싶은 욕구에 가득 차 있다는 것을 문득 깨달은 적이 있다. 주변의 친구들이 평화롭게, 되든 안되든 자신만의 그림을 그리는 와중에 나는 그들보다 좀 더 앞서 나가고 싶어 긴장하고 있었다. 경쟁을 부추기는 사회는 싫다면서도 정작 스스로 경쟁이 몸에 배어 있는 것은 몰랐던 것이다.

경쟁과 함께해 즐거웠던 적도 있었지만 이제 그만 헤어지고 싶다. 더이상 다른 이의 인정을 애타게 구하며 긴장하고 싶지 않다. 그동안 꽤 열심히 달린 것 같으니 이젠 그만 나와 비슷한 속도의 친구들과 천천히 거닐고 싶다. 모두가 가는, 빠르고 곧은 길에서 벗어나 보고 싶다. 프로이트의 <꿈의 해석>도 초판 600부가 팔리는 데 8년이나 걸렸다 하니 무작정 빨리 인정받는 것이 능사가 아니다.

자연 씨에게 느낀 긴장감의 여운이 길었던 이유는 오랫동안 그렇게 살 수밖에 없었던 나와 그녀에 대한 안쓰러움 때문인 것 같다. 성취의 길은 오직 노력이라고 믿고 이기지 못한 자신을 돌아보고 달래줄 여유가 없었던, 세상에도 스스로에게도 배려 받지 못했던 내 모습이 그녀에게서도 보였다.

이 마을에서 그녀와 내가 편안해진 것은 인정받고 싶은 욕심이 사라져서가 아니다. 그것은 이곳에서 충분히 인정받았기 때문이었다. 마을 밖에서는 무작정 열심히 해야만, 다른 사람 모두를 따돌릴 만큼 훌륭해야만 인정받을 수 있다고 생각했다. 인정이 아니라 노력이 부족한 것이라고 생각했다. 하지만 지금 생각해 보니 우리는 너무나도 인정과 칭찬이 부족한 곳에 서 있었고, 그래서 수없이 상처받고 좌절할 수밖에 없었다.

10여 년 전 그 교수의 말이 맞았다. 우리는 좀 더 놀아야 했다. 노는 사람들을 더 많이 만나 세상이 사실은 즐거운 곳임을, 마음 놓을 수 있는 곳임을 좀 더 일찍 깨달아야 했다. 그렇게 스스로를 다독이고 인정해 주었어야 했다. 마을에서 노력을 멈추고 어깨에 힘을 빼자 우리에게 새로운 즐거움이 다가왔다. 마을에서 느긋한 휴식을 누리며 우리는 자신도 모르게 성장해 왔다.

나이가 50인데
시작해도 될까요?

몇 년 전 마을에 어린이 인형극단이 있었다는 풍문을 들은 적이 있다. 아이들이 직접 대본을 쓰고 인형과 무대까지 만들었다고 하니 여러모로 좋을 것 같았다. 마을 엄마 몇몇이 인형극단을 다시 시작하고 싶다는 얘기를 나눈 적이 있는데 마침 마을 지원사업 공고가 떴길래 사람들을 모았다.

"그런데 이 중에 혹시 인형극 해 본 사람 있어?"

"아니."

"그럼 어쩌지?"

"이순이 님이 계시잖아."

다들 걱정도 아니라는 표정이었다.

"이순이 님이면… 생태 선생님?"

"응. 원래 인형극도 하셨어."

그렇게 아이들과 1년 가까이 인형극을 만들면서 이순이 선생님도 자주 만나 뵙게 되었다. 재미있는 모자와 범상치 않은 옷으로 멋을 부리는 70대의 그녀는 나이가 무색할 만큼 우렁찬 목소리의 소유자였다. 아이들을 이끄는 그녀에게서는 아직도 왕성한 에너지가 뿜어져 나왔다.

"미군이 씹다 버린 껌을 주운 놈은 횡재하는 거여. 그건 '껌'이고 보통 애들은 '끔'을 씹었어. 청가시나무 열매를 따면 쫀디기라고 하거든. 그걸 송진하고 섞어서 씹으면 '끔'이여."

"나는 누렁니라 이가 하얀 사람이 부러웠거든. 냇가에서 빨래 하고 나선 모래로 이를 닦았어. 소금도 귀했거든. 많이 닦으면 하얘질까 해서 박박 닦았지."

"공부한다고 호롱불을 켜면 엄마한테 혼구녕이 났어. 중학교는 꿈도 못 꿨지. 딸은 초등학교 졸업시키면 많이 가르쳤다 하던 시절이니까. 초등학교 졸업한 딸은 여름엔 농사일이 많으니 끌어안고 있다가 겨울이면 입 하나 줄이려고 공장이든 어디든 보냈어."

악명 높은 전후 한국의 가난을 겪으며 보낸 그녀의 10대 시절 이야기는 지금 세대에게는 신소설의 한 페이지 같다.

"교복 입은 아이들이 제일 부러웠어. 사촌 언니가 방학 때 내려

오면 교복에 풀을 먹여 다려주고 '나 한 번만 입어보면 안될까?' 했지. 중학교도 못 가보고 평생 촌에서 농사 짓다 시집갈 걸 생각하면 죽고만 싶던 시절이야. 그러다 우연히 이웃집 오빠 소개로 교회를 다녔는데 그때부터 찬송가 부르고 율동 가르치는 게 그리 좋더라고. 성경책을 갖고 싶은데 어디 돈이 있어야 말이지. 그래서 고사리를 꺾어 '엄마, 이거 팔면 그 돈 나한테 줘' 해서 첫 성경책을 샀어. 창밖이 푸르스름해지기를 기다렸다 제일 먼저 산에 올라가는 거야. 일찍 가야 고사리를 많이 꺾을 수 있거든."

당시 그녀의 세계에서 교회는 학교이자 문화센터요 세상을 향한 창이었다. 그곳에서는 '시골 처녀 이순이'가 아닌 다른 무엇이 될 수 있었다. 줄곧 교회에서 찬송과 율동을 도맡아 가르치던 그녀는 쉰 살이 되던 해에 서울에 있는 큰 교회에서 하는 인형극을 본 후 마음을 홀딱 뺏겼다. 인형극 배우가 되고 싶었지만 창피만 당하지는 않을지 몇 주 동안 마음을 뒤척이다 결국 극단에 전화를 걸었다.

"제가 나이는 50이고 초등학교밖에 안 나왔는데… 인형극을 해도 될까요?

"목소리 들으니 잘하실 것 같은데요? 한번 와보세요. 저도 예전에는 내성적이고 소심했어요. 그래도 인형극은 무대 뒤에서 하니 마음껏 되더라고요."

그녀는 차비에 보태라며 목사가 쥐어 준 5만 원을 주머니에 넣고 서울로 갔다. 늦은 나이에 시작한 터라 무대에 서는 것은 꿈도 꾸지 않았는데, 몇 해 만에 우연히 다른 관원을 대신해 나간 공연에서 극찬을 받고 유수의 극단에 스카우트까지 됐다. 환갑에 가까운 나이였다.

그녀는 재능을 호주머니 속에만 넣어 두지 않았다. 도서관에서 아이와 엄마들과 '올챙이 극단'을 만들고 몇 해 동안 연극을 만들어 공연도 했고, 10년 전부터는 생태 선생님으로 봄마다 아이들을 이끌고 도서관 뒷산과 마을의 저수지를 가로지른다.

이 마을이 아니었다면 그녀의 삶은 아마도 지금과 무척 달랐을 것이다.

가끔은,
발효

스티븐 킹은 초고를 완성하면 서랍에 넣고 6주 동안 묵혀 두었다고 한다. 그는 이렇게 되도록 원고를 생각하지 않는 기간 후에야 퇴고를 시작했고 이를 원고가 '발효'되는 시간이라 불렀다. 투르게네프의 발효 기간은 좀 더 길어서 최소 세 달이었다. 무라카미 하루키도 초고를 마치면 몇 주건, 몇 달이건 원고에서 떠났다 돌아왔다. 왜냐고 묻자 그는 "제정신인 사람이 장편소설 같은 것을 쓸 리가 없기 때문이죠"라고 답했다. 퇴고를 위해서는 정상인의 시각으로 돌아갈 시간이 필요하다는 것이다. 레오나르도 다빈치도 '때로는 잠깐 일을 멈추고 쉬며 거리를 두면 조화와 균형이 더 쉽게 파악될 것이다'라고 했다. 약간의 문제라면 그가 너무 천재였던 나머지 휴식 시간에 또 다른 관심사를 찾아내기 일쑤였고 그 덕분에 그의 작품 중 상당수가 미완성으로 남았다는 것이다.

위대한 작가들뿐 아니라 나 또한 글을 쓰다 막힐 때면 일부러 원고에서 떠나 딴청을 피운다. 친구를 만나고, 다른 책을 읽고, 낯선 경험을 한 후에야 좀 더 냉철하게 원고를 대할 수 있다. 다시 읽어 본 원고에서는 그제서야 넘치거나 부족한 부분이 더 잘 드러난다. 때로는 원고를 쓰는 것보다 잊는 것이 더 힘들기도 하다. 휴식은 생산의 반대말이 아니라 그 중요한 일부이다.

어떤 인디언 부족은 여행을 떠나는 이에게 '지도도, 지갑도 잃어버리길'이라고 축복한다. 길을 잃고 흘러들어간 낯선 골목길에서, 지갑을 잃어버리고 만난 이방인들로부터 전혀 다른 여행이 시작되었던 것을 돌이키면 과연 현명한 말이다. 그렇지만 한편으로는 그들이 '잊어버리길'이 아니라 왜 '잃어버리길'이라 축원했을지 의아했다. 잃어버리는 것은 너무 고통스럽다. 그저 한쪽 주머니에 넣어 둔 지도와 지갑의 존재를 '잊어버린' 채 없는 듯 여행하는 것만으로도 즐거울 수 있지 않을까? 하지만 역시 잃어버리지 않고서는 그 존재를 잊어버리기 힘들 것 같다. 때로는 상실의 고통만이 우리에게 새로운 기회를 소개하고는 한다. 마을의 이들도 뜻하지 않은 잃어버림 덕분에 낯선 길로 발을 디딜 수 있었다.

열심히 달리면서 살아왔던 많은 이들은 이 마을에 온 후 느리고 효율 낮은 일에 몰두하곤 한다. 그들은 도서관이나 마을 카페인 '그냥가게'에서 1주일에 서너 시간의 자원활동을 하거나, 이어폰을 꽂고 시골길을 산책하고, 목공방에서 하루의 대부분을 보내기도 했다.

아이의 학교에서 재능기부 수업을 하거나 음악회에서 노래를 부르거나 기타를 연주하기도, 마을의 어린이극단을 위해 간식을 만들기도 한다. 마을 밖에서 힘에 부치는 일을 할 때에 비하면 아무래도 그들의 지갑은 얇아졌겠지만 그렇다고 불행하다 하지는 않았다.

인생에는 크고 확실한 행복이 있다. 황금사자상을 타거나 큰돈을 버는 것은 누가 보아도 대단한 행복이다. 반면 작고 약한 행복도 있다. 텃밭에서 봄햇살을 느끼는 것, 모기를 쫓으며 이웃과 영화를 보거나 반찬을 나누는 일은 너무나도 작은 행복이어서 도무지 그것만으로 만족한 삶을 살 수 있을 것 같지 않아 보였다. 하지만 그 작고 가벼운 행복들이 마음 속에 차곡차곡 축적될 수 있음은 몰랐다. 크고 무거운 행복은 모두가 쉽게 공감하고 SNS에서 자랑하기도 좋다. 가벼운 매일의 작은 행복을 모으기 위해서는 시간과 경험이 필요하다. 마을의 사람들은 발효를 거치듯 자신만의 행복을 축적해 왔고 그 후엔 새로운 시선으로 삶을 바라보는 듯하다.

발효 후에 포도알이 와인이 되듯, 이들도 마을에서 푹 익은 후 다른 삶의 길을 찾아가곤 했다. 우연히 마을에서 합창단 지휘를 맡았던 김혜경 씨는 노래로 마음을 치유하는 강사가 되었다. 나 역시 이 마을에서 4년 동안 신나게 논 후 다시 글을 쓰기 시작했다. 마을에서 스스로의 길을 찾아가는 과정은 오므린 꽃봉오리가 피어오르듯 자연스럽고 편안했다.

발효에는 기다려 주는 마음과 안온한 웅크림이 필요하다. 하지만 바쁜 우리에게는 상실의 고통을 발효시킬 공간과 시간이 많지 않

발효의 마을

았다. 아무래도 유독 이 마을의 이곳저곳에서 뜨끈한 발효의 기운이 감지되는 것은 아마도 어딘가 웅크릴 공간이 있고, 그들의 발효를 따뜻한 시선으로 기다려 주는 사람들이 있기 때문인 것 같다.

'어차피'는 싫어

"엄마, 우리 반에서 내가 제일 공부 못하는 것 같아."

입학한 지 반년쯤 됐을 때 딸아이가 말했다. 나는 잠시 말문이 막혔다. 드디어 올 것이 왔구나 싶기도, 아이를 암산하는 친구들 속에서 혼자 손가락을 오므렸다 폈다 하게 만들었다는 생각에 미안하기도 했다. 난 선행학습으로 수업에 흥미를 잃는 것보다는 느리더라도 학교에서 배워가는 습관을 들여야 한다는 생각에 아이에게 사교육을 시키지 않았다. 쓸데없는 고집을 부린 것은 아닌지, 엄마의 실수가 아이의 자책이라는 결말로 치닫는 것은 아닌지 불안해졌다. 당장 학습지를 알아볼까 하다 가까운 대안학교 홈페이지를 들락거리기 시작했다.

주변의 친구들에게 조언을 구했을 때 그들의 답은 대부분 '어차피'로 시작했다.

"어차피 다른 애들이 다 하는 사교육 안 할 수는 없어. 애가 자신감 떨어지면 끝이야."

"어차피 선생님들도 아이들이 다 학원 다닐거라 가정하고 수업을 하니까 안 다니는 애들은 뒤처질 수밖에 없어."

그런 말을 들으니 좀 외로워졌다. 국정교과서는 분명 'ㄱ', 'ㄴ'부터 시작하는데, 교육감은 사교육 없는 학교를 만들겠다고 수십 년 전부터 약속했음에도 내 아이의 뒤처짐은 오직 아이와 나의 모자람 탓이 되어 있었다. 남들은 다 달리는데 혼자 운동화 끈을 묶고 있던 악몽을 꾸는 듯했다.

그즈음 딸에게 "학교 수업시간 재미있어?"라고 물었더니 뚱한 답이 돌아왔다.

"쉬는 시간도 없이 두 시간 동안 계속 공부하니까 지겨워 죽겠어. 블록수업 있는 날이 제일 싫어."

교과서가 바뀌고 학교에 혁신수업이 시작된 것에 너무 마음을 놓고 있었구나 싶었다. 현장에서는 알맹이인 체험 중심 수업이나 학제간 교육이 제대로 이루어지지 못한 채 물리적으로 두 시간을 휴식 없이 붙여 놓기만 한 블록수업을 하고 있었다.

이뿐만이 아니었다. 다른 학부모와 얘기를 하다 보면 "어제 3학년은 수영 수업을 동영상으로 했대. 책상에 앉아서 자유형 팔젓기를 했다던데?"라는 말도 들려왔다. 체험 중심 수업은 언감생심, 아이들은 수영도, 민속춤도, 하키도 동영상으로 배우고 있었다.

제대로 된 수업을 받을 방법을 찾고 싶어 반 모임에서 "수업을 바꾸자고 학교에 요구합시다"라고 말해 보기도 했다. 하지만 "선생님들 수고 많으신데 분란 일으키고 싶지 않아요"라는 의견이 만만찮았다. 그들은 학교에 목소리 내는 것에 익숙지 않은 것 같았고 혹여 내 아이가 미운털 박히지나 않을까 두려워하는 것 같기도 했다. 친구들

발효의 마을

은 '담임 선생님에게 운동장 인조잔디에 문제제기를 했더니 아이가 몇 주째 방과후 청소를 하고 있다'는 류의 괴담을 들려주었다.

그렇다고 손놓고 있을 수만은 없었다. 아이의 문제였기 때문에 "해도 안 될 거야. 학교는 절대 안 바뀌어"라는 말에 고개를 끄덕이며 마당의 장미로 위로나 받고 있을 일이 아니었다.

작은 관계가
학교를 바꾸다

"너네 집에서 맥주나 한 잔 할까?"

"그래. 언제든 오셔."

그렇게 전화를 끊고 보니 좀 이상하다. 윤정은 맥주 한 잔에도 정수리까지 빨개지는 인물인데 웬 술?

그리고 며칠 후 윤정은 우리 집에 와 한나절 내내 놀다 갔다. 몇 년 후에야 그날 이 주도면밀한 인물이 나를 면접 보고 간 것임을 알았다.

그녀와 나는 거의 정반대의 성향을 가졌다. 나는 혼자서 머리로 생각하는 것을 좋아하고 새로운 일을 시작하는 데 시간이 오래 걸리는 편이라면 윤정은 사람들과 어울리는 것이 낙인 관계중심형에다 집중해 짧게 생각하고 곧바로 '전진!'하는 행동파였다. 하지만 비슷한 점도 있었으니 불의에 평균 이상으로 분개한다는 점이다.

윤정은 아이가 초등학교 2학년 때 이 동네로 이사를 왔다. 이사의 이유는 아이의 학교였다. 밝고 구김살 없던 아이가 학교에 입학하면서부터 생기가 사라지기 시작했다. 1학년 담임은 아이가 우유를 흘렸다는 이유로 고함을 지르며 아이들을 혼냈고 그 후로 딸은 몇 년 동안 우유를 먹지 못했다. 담임이 아이들을 무시하고 쉽게 화를 내는 크고 작은 일들이 이어졌지만 같은 반 학부모들은 '어차피…'와 비슷한 반응을 보일 뿐이었다. 딸아이의 말수가 적어지고 손톱을 물어 뜯기 시작하자 시골의 작은 학교로 옮겨 보고 그곳도 다르지 않다면 홈스쿨링을 하겠다고 마음먹고 이 마을로 이사를 왔다.

그날 윤정은 돌아가기 전 "내년에는 학부모회 일을 해 볼까 해. 너도 같이 하자"라고 했고 나는 별 생각 없이 "그러지 뭐"라고 답했다. 윤정은 관계에 능통한 인물이었으니 학교 문제를 해결하려면 다른 이의 도움이 필요하다는 것을 알았고, 평소 학교 수업에 관심이 많던 나를 그런 점에서 눈여겨 보았던 것 같다.

일찍이 심리학자 스탠리 밀그램이 찬바람 부는 뉴욕의 거리 한복판에서 증명했듯이, 한두 사람이 길을 멈추고 먼 곳을 바라보면 아무도 관심을 갖지 않지만 몇 사람이 동시에 바라보면 사람들은 한파에도 발을 멈추고 같은 곳을 바라본다. 혼자서는 사람들의 관심을 얻고 마음을 돌리기 힘들지만 둘, 셋이 맞장구를 치며 함께 목소리를 내면 형세가 바뀔 수 있다.

윤정과 나를 포함한 마음 맞는 몇 명의 엄마들은 그 뒤로 몇 년 간 학부모회 일에 꽤 열심히 뛰어다녔다. 애초에 수업의 질을 높이는 것이 목표였지만 교사들이 오랫동안 몸에 익힌 수업 방식을 학부모들의 말 몇 마디로 바꾸기는 쉽지 않았다. 수업을 바꾸는 가장 좋은 방법은 혁신학교가 되는 것이었다. 하지만 혁신학교 지정 방법을 알아보려 교육청 담당자를 찾았을 때에는 "혁신학교를 이끌 교장이 부족해서 다른 학교로 움직일 분이 거의 없습니다"라는 답을 들었다. 해결책이 쉽게 보이지 않았다. 그래도 할 수 있는 일부터 시작해 보기로 했다.

운동장에서 '놀장'이라는 장터도 열고 '놀밤'이라 이름을 지어 붙인 캠프도 했다. 전교생이 모여 텐트를 치고 고무통에 신발 넣기나 림보 같은 돈 안 들고 웃기는 놀이를 하고 해 질 무렵이면 같이 고기를 굽고 모닥불에 둘러앉아 노래를 부르다 아이들은 까무룩 잠이 들었다. 겨울이 오면 '어리버리가 콘셉트인 가족음악회'도 열었다. 드레스를 차려 입고 멋진 악기를 연주하는 음악회가 아니라 가족 모두가 그냥 재미로 연습한 노래를 부르는 음악회였다. 어딘가 마을의 정서를 닮은 이 음악회에 온 사람들은 노래건 악기연주건 너무 잘하면 오히려 재미가 없다는 것을 알고 있는 듯했다.

겉으로 보기에는 흔한 중고장터, 캠프, 음악회일 뿐이지만 운동장에서 뛰노는 아이들을 캠핑 의자에 앉아 느긋하게 바라보는 학부모들 사이는 '우리는 함께 아이를 키우는 사람들'이라는 공감대가 흘렀다. 같이 놀다 보니 좋은 이웃들과 아이를 같이 키우고 있다는 믿음도 커졌다.

학부모회 일을 하다보니 이미 학부모들의 학교 참여를 보장하는 제도가 잘 만들어져 있음을 알게 되었다. 대표적인 것이 운영위원회로, 학부모들의 의욕만 있다면 이를 통해 학교 재정이나 수업 진행

등에 대해 적극적인 의견 개진이 얼마든지 가능했다.

"아이들이 하키채 없이 신문지를 뭉쳐 휘두르며 체육 수업을 했다던데, 예산으로 하키채를 우선 구비하는 게 어떨까요?"

"찾아보니 창고에 하키채가 있더라고요. 이번 주부터 아이들이 하키채를 사용하게 됐습니다. 태권도도 외부에서 선생님을 모셔와 배우기로 했어요."

운영위원회 다음 주에 교감 선생님이 전해 왔다.

수영장에 가서 생존수업을 하게 되니 아이들이 더 이상 책상에 앉아 팔을 젓지 않아도 되었고, "운동장의 나무 가지치기보다는 부서진 벤치 수리가 더 급하지 않을까요?"부터 "지난 번 현장체험 학습 장소는 먹거리가 너무 부실했습니다. 다른 좋은 장소를 찾아볼까요?" 까지, 학부모들이 아이들과 학교를 위해 해줄 수 있는 말은 많았다.

재미있는 것은 이런 식으로 학부모들의 요구가 학교에 전달되고 의견이 반영되며 나아지는 모습을 보자 다른 학부모들도 학교에 대한 관심이 더 높아졌다는 것이었다. "학교는 안 바뀌어", "내가 싫은 소리 하다 내 아이에게 미운털 박히면 어떻게 해" 하던 이들도 목소리를 내기 시작했다. 그렇게 몇 년이 지나 '혁신학교를 만들자'는 의견을 꺼내는 것을 교사에 맞서는 선동이라도 되듯 조심스러워 했던 학교의 분위기가 바뀌고, 지난해에는 학부모들의 압도적인 찬성으로 혁신학교를 추진하는 공모 교장이 부임했다.

난 가끔 그날 맥주를 빙자하여 이루어진 면접이 없었다면, 그렇게 나를 찾아와 주고 뜻한 일을 함께하는 사람이 없었다면 아이와 이 초등학교를 계속 다닐 수 있었을지 생각해 본다. 아마도 나는 다른 사람들이 그렇듯 쉽게 사교육을 시작했거나 아이를 대안학교로 전학시켰을 것이다. 하지만 마을에서 만난 이들과의 관계가 있었기 때문에 같은 의지를 가진 학부모들이 쉽게 뜻을 모을 수 있었다.

관계가 있어 우리는 쉽게 연대했고, 연대가 있었기에 행동할 수 있었다.

좋은 관계는
어떻게 만들어지는가

욕심에서
관계로

인터뷰 후에도 오랫동안 자주 떨고 있는 어린 평강, 가난에 강
퍅해진 부모, 고배를 마시고 인생을 다시 써 내려가기로 한 이들의 이
야기가 머릿속을 떠나지 않았다. 프라이팬의 음식을 뒤적이다가도,
창밖을 바라보다가도 자꾸 그들이 생각났다. 그들도 나처럼 이곳에
서 과거의 불안이 흐려져 갔을까? 이 마을에서 불안을 잠재우고 자
신과 아이와 친구를 돌봐 줄 여유가 생긴 걸까? 그런 일은 정말 일어
난 것일까? 나는 평강과 현지를 다시 만났다.

"정말 이곳에서 마음이 나았다고 생각해?"

평강은 말했다.

"이 동네 사람들은 어딘가 달랐다니까."

현지에게도 다시 물었다.

"이 마을에 산다고 사람이 정말 변할 수 있을까?"

현지가 답했다.

"그게 되더라. 나도 놀랐어."

그녀들뿐만이 아니었다. 인터뷰에서 만난 많은 이들이 이곳을 칭송했다.

"이 마을에서 자유로워졌다는 생각이 들어. 다른 사람을 별로 의식하지 않으면서 살게 되었으니까."

"이사 와서 더 활기차졌어. 나란 존재가 힘을 얻은 기분."

"우리 아이는 손이나 옷이 더러워지는 것을 못 참을 만큼 예민했어요. 여기 와서는 그런 점에도 둥글둥글해지고 제가 보기에는 많이 좋아졌어요. 지랄 맞은 엄마 성격도 잘 참아 내고요. 하하."

그들은 "이 동네, 뭔가 이상해", "저것 봐, 저 사람도 이 동네 와서 변했어. 하긴 나도 변했지"라고 말했다. 우울해하는 친구에게 "이 동네로 이사 와"라고 권하기까지 한다.

애초에 마을 사람을 인터뷰하고 글을 쓰기로 결심한 것은 오은숙 씨 덕분이었다. 그녀는 프랑스 떼제의 기독교 공동체에서 한 달을 머물다 왔을 정도로 개인과 공동체의 종교적 구원에 관심이 많았다. 몇 년 전, 경기도 변두리의 한 시골 교회에서 떼제 시절의 평화로 이끄는 종소리를 듣고 놀라웠다고 한다.

"이곳에 오면 욕심을 버리게 돼요. 저에게는 신기한 경험이에요."

새로운 사람을 만나는 일이 부담스러웠던 그녀였음에도 도서관의 엄마들 사이에 슬그머니 끼어 앉고 싶었고 그들처럼 새카맣게 탄 얼굴로 마당을 뛰노는 아이를 키우고 싶어졌다. 그래서 요즘도 그녀는

"남편, 나 마음이 너무 답답해. 자루마을 좀 갔다 와야겠어"라고 한다.

마을에서 이들을 변화시킨 것은 '관계'였다. 관계의 유무에 따라 사람의 행동은 변화한다. 우리는 낯선 사람보다는 나와 친한 사람에게 쉽게 물건이나 시간, 에너지를 내줄 수 있다. 모르는 얼굴보다는 나의 친구, 또는 내 아이의 친구들을 위해 자원봉사나 재능기부를 더 쉽게 결정한다. 처음에 이웃과 물건을 주고받으면서 냉철하게 계산을 했던 나는 관계가 돈독해지면서 그 경계가 허물어지는 것을 경험했다. 사람은 호혜에 쉽게 전염된다는 것도 알게 되었다. 준 만큼 되돌려받고, 받은 만큼 되돌려주는 합리적인 계산의 관계에서 벗어나 서로 돕는 배려의 관계로 발을 디딘 것이다.

공짜 커피를 내리는
반자본의 카페

사람들이 유독 이 마을에서 더 마음이 편해지고 서로를 배려하는 문화가 자리잡은 까닭이 '관계'가 있기 때문만은 아니었다. 오은숙 씨와 나는 이곳의 독특한 분위기를 만든 데 일조한 것이 마을에 산재한 '공짜'라는 데 공감했다.

어느 봄날, 인터뷰 덕분에 이사 온 지 4년 만에야 나를 이 마을로 오게 만들었던 작은 가게의 역사를 들었다.

"하하, 그 문은 만 원 주고 수원에서 사 온 거고 마루는 옆집에서 내다 버린 평상을 주워다가 깐 거에요. 물류센터에서 팔레트를 사 와서 못을 빼고 페인트칠을 했어요. 저 창문은 저희 친정집 새로 지을

발효의 마을

때 뗀 걸 가져와서 도서관에서 쓰던 거예요. 도서관에서 지원사업비를 받아 수리할 때 떼 낸 창틀을 여기에 다시 붙였죠."

그냥가게는 태생부터 재활용에서 시작했다.

"교회에서 재활용 가게를 열려고 하는데 사모님이 이걸 맡으시면 행복하실지 어떨지 모르겠어요."

교회 집사가 목사 부인인 홍미나 씨에게 물었다.

"같이 차를 마실 수 있는 분위기 좋은 카페는 어때요?"

젊은 시절 꽃무늬 플레어 스커트와 분홍 오픈 토슈즈를 좋아했던 멋쟁이인 그녀가 말했다.

그렇게 한 켠에는 마을 사람들이 가져다 놓은 중고물품을 팔고 그 옆에서는 핸드드립 커피를 내리는 '그냥가게'가 생겼다.

장소는 도서관 앞마당에 있는 비닐하우스였다. 마을 사람들은 힘을 합쳐 테이블과 의자를 만들고 싱크대와 냉장고도 넣었다. 카페의 절반은 마을 사람들이 가져온 재활용품 판매장으로 꾸미고 한가운데에는 석유 난로도 놓았다. 이웃이 카페에 놓을 턴테이블과 음반, 스피커며 컵을 가져왔다. 테이블 옆에는 나무 선반을 놓아 마을의 무인판매대로 운영했다. 카페 운영은 홍미나 씨와 자원활동가 너댓 명이 맡았다.

홍미나 씨는 이왕이면 자신들이 할 수 있는 최고의 커피를 대접하고 싶었다. 공정무역 원두를 사고 로스팅 기계를 들여 원두를 직접 볶았고 그 정성스러운 커피를 마을 사람들에게 공짜로 대접했다.

하루에도 몇십 잔씩 공짜 커피를 내리는 카페가 과연 운영이 될까? 지금은 도로 확장 공사로 잠시 문을 닫았지만, 지난 7년 동안 그 냥가게는 마을의 핫플레이스였다. 그때 합류했던 운영자들도 거의 바뀌지 않았다. 심지어 이곳은 돈을 벌기까지 했다. 마을 사람들이 기증한 중고물품을 팔아 첫해에는 100만 원이 조금 넘는 수익금이 생겼고 봉사자들은 수익금을 기부했다.

가끔은 이곳의 공짜 커피를 부담스럽게 여기거나 어색해하는 사람도 있다. 애써 커피를 마다해도 그냥가게의 자원활동가들은 슬 그머니 커피잔을 놓고 사라진다. 나는 무급의 자원활동가들이 땀을 뻘뻘 흘리며 내려 주는 커피를 동네 친구들과 자주 마셨다. 학부모회 의 후 점심을 먹고도 헤어지기 아쉬울 때, 친구들과 갈 곳이 마땅찮 을 때에도 편하게 들를 수 있었다. 덕분에 만남은 더 길게 자주 이루 어졌다. 쇼핑몰을 가기보다는 마을의 그냥가게에서 500원짜리 중고 옷을 사 입는 일도 많아졌다. 고르는 내내 이웃의 100만 불짜리 품평 을 들어가면서 말이다.

무딘 나는 한참 후에야 500원, 1000원을 내는 커피와 공짜 커 피의 차이를 알 것 같았다. 향기 나는 한 잔의 커피는 베풂과 존중의 커피였다. 돈을 내지 않고 그 즐거움을 누리며 나는 '그냥' 아무 것도 하지 않아도 존중 받고 사랑 받을 만한 존재로 대접 받는 기분이 들 었다. 세상 어딘가에서 이유 없는 베풂을 받는 것이 얼마 만이던가. 나는 그 따뜻함이 놀랍고 즐거워 마을에 온 친구들을 종종 이곳에 데려갔다. 마치 내가 얼마나 사랑 받고 있는지를 자랑하듯, 세상에 이 런 따뜻함이 가능함을 증명하듯.

발효의 마을

"애들 생태수업 시킬래? 한 달에 5만 원밖에 안 하는 데 알아냈
어."

"어딘데? 괜찮다."

도시의 친구들이 이런 말을 할 때면 내가 마을에서 누리는 것
들을 새삼 깨닫곤 했다. 마을 아이들 대부분이 그렇듯 내 딸도 마을
의 공짜 생태교실을 다녔다. 아이들은 봄이 되면 재능기부하는 생태
선생님들과 함께 도서관 뒤쪽 다랑이논과 숲에서 개구리알이며 천연
기념물이라는 야생초를 찾다 간식을 나눠 먹고 마을의 저수지까지
소풍을 다녀왔다. 스타킹을 신고 모내기를 하고 여름의 초입이면 주
먹만한 감자를 캐 들고 왔다.

이 마을의 봄은 주말마다 바쁘다. 전국의 고속도로가 상춘객으
로 막히고 마을의 좁은 도로가 브런치와 맛집을 향하는 자동차로 가
득 차도 나는 애가 탈 것이 없었다. 도서관 앞마당에서는 거의 주말
마다 장터도 열리고, 음악회도 있고, 백일장이 있고, 학교 운동장에
서는 학부모와 아이들이 모이는 장터와 운동장 캠핑이 있었다. 마을
사람들은 사약 같은 겨울을 견딘 기쁨에 들떠 모여들었다. 하루 종일
즐겨도 돈은 별로 들지 않았다. 아이들은 운동장과 숲을 헤집으며 자
동 놀이기계가 되었고, 어른들도 백일장과 장터를 핑계로 서로가 서
로에게 즐거움이 되는 순간을 만끽했다.

진을 빼는 여름의 절정엔 도서관 앞마당에서 '모깃불 영화제'가

열린다. 작년 여름에도 나는 회벽을 스크린으로 흑백영화를 봤다. 아이들이 막대기로 모깃불을 휘저으면 반디 같은 불티가 여름의 밤하늘로 흩날렸다. 나와 딸은 평상에 누워 친구들의 목소리를 들으며 가을을 기다렸다.

아이들이 생태교실에서 모내기한 벼에 쌀알이 차면 어른들은 가을 생태축제를 준비한다. 도서관 앞마당에서 볏단을 탈곡기에 털고 햅쌀로 떡메를 쳐 인절미를 만든다. 화관을 쓴 아이들이 뛰어놀고 천연염색해 만든 보랏빛 스카프가 이 비현실적인 마을 축제마당에서 나부낀다.

여름과 겨울방학엔 같이 모여서 만화영화를 보고 쿠키나 화채처럼 큰 기술이 필요 없는 요리를 만드는 소박한 도서관 프로그램으로 이웃들과 하루를 보낸다.

이사 온 첫해에 나는 음악회에서 노래하는 마을 밴드를 멀찌감치에서 바라보았다. 생태교실은 횡재 같았고 축제에서 갓 콩고물을 버무린 따뜻한 인절미를 먹으며 웬 떡이냐는 말이 왜 생긴 건지 알았다. 꽤 오랜 시간이 흐른 후에야 이를 위해 마을의 할머니 생태선생님이 몇 년간 밤을 새워 공부를 했고, 삼복 더위 속에서 오후 내내 옥수수 두 가마를 삶고, 프로그램 준비로 수십 명의 봉사자들이 고생했다는 것을 알았다. 처음 이 마을로 이사 오는 데 일조했던 층층이논의 썰매도 김영순 할아버지가 몇 달 동안 손수 만든 것이었다.

몇 년 후, 남의 일인 줄로만 알았던 마을 행사에서 나는 어느덧 마당을 채운 대부분의 사람들과 눈인사를 하고, 안부를 묻고, 시간

가는 줄 모르며 이야기를 나누고 있었다. 그제서야 이 수많은 사람들이 왜 기꺼이 자신의 시간과 노동을 타인을 위해 내놓는지 이해할 수 있었다.

내가 지난해보다 훨씬 즐거울 수 있는 것은 같이 방학 프로그램을 준비하고 그림자극을 만들며 깊어진 관계가 있기 때문이었다. 그 달콤함은 인절미나 스카프와는 비교할 수 없는 것이었다. 인절미는 잠시 몸을 즐겁게 하고 스카프는 한철 눈에 들어올 뿐이지만, 내 시간과 노동이 쌓은 관계는 오랫동안 나를 행복하게 해 주었다. 그리고 내 것을 먼저 내놓는 것이야말로 관계에 가장 좋은 시작이었다. 그제서야 나도 베푸는 사람 중 하나가 될 수 있어 뿌듯하기도, 이 마을의 진짜 선물을 알아채지 못한 채 인절미와 스카프만 받고 조용히 사라졌던 과거의 내가 안타깝기도 했다.

먼저
베풀어라

죄수의 딜레마 게임을 떠올린다면, 개개인에게는 단기적으로는 마을에서 얻을 수 있는 많은 공유 자원을 받고 자신의 시간이나 노동력을 다른 사람을 위해 쓰지 않는 것이 가장 합리적이다. 자원활동가가 만들어 준 음식을 먹고, 재능기부 수업을 받고, 그냥가게의 커피를 공짜로 마신 후 자신은 다른 사람을 위해 아무것도 주지 않는 것이다. 마을에서 실제로 그런 일이 일어나기도 하지만, 타인을 위해 자신의 것을 쓰는 사람들도 많다.

단지와 평강은 한 달에 두 번씩 아이들을 위해 인형극을 하고 있다. 김영순 할아버지는 말없이 매일 도서관의 화장실 청소와 퇴비장 만드는 궂은 일을 도맡는다. 자연 씨와 남편은 마을과 학교의 이벤트마다 밤을 새서 현수막을 만들고 포스터를 그렸다. 음악회, 장터, 생태교실 등 마을에서 이루어지는 행사는 모두 마을 사람 수십 명의 자원봉사와 재능기부 등으로 이루어진다.

은숙 씨도 "이 동네 사람들은 뭘 잘 줘요"라고 말한 적이 있다. 단지는 웃어른이 돌아가셨을 때 마을 사람들이 문상을 많이 와 지인들이 놀라기도 했다. 마을 사람들은 음식과 옷을 나누고 힘든 일을 겪으면 같이 걱정한다. 이웃에 음식을 보내면 빈 그릇과 아이 대신 "딸내미 우리 집에서 저녁 먹여 보낼게"라고 메시지가 온다.

정해진 일이 없더라도 오가다 다른 사람의 바쁜 모습을 지나치지 않는다. 많은 이들이 전시 작품 거는 일을 돕거나, 창고의 짐 옮기는 일에 자연스럽게 손을 보탠다. 마을 일은 마을 일, 나의 일은 나의 일이라는 경계가 모호해지고 다른 사람들이 애쓴 덕에 즐거웠으니 조그만 보답이라도 하고 싶은 마음이 자연스러워진다.

<이기적 유전자>의 저자인 리차드 도킨스가 '전 세계 지도자들을 방에 모아 넣고 이 책을 다 읽을 때까지 내보내지 말아야 한다'라고 극찬한 책, 로버트 액설로드의 <협력의 진화>에는 죄수의 딜레마 게임에서 가장 승률 높은 프로그램을 공모한 결과가 나온다.

전 세계를 대상으로 한 첫 번째 공모에서 우승한 프로그램은 놀랍게도, 또는 조금은 허무하게도 가장 단순한 룰 중 하나였던 '팃포

탯', 즉 '눈에는 눈, 이에는 이'를 전략으로 했다. 우승한 팃포탯은 맨 처음에는 협력으로 시작하고 그 후에는 다른 사람이 나에게 협조적이면 나도 협조적으로, 적대적이면 나도 그렇게 대하는 것이다.

1차 경합의 결과와 상세한 분석자료를 미리 참가자에게 알린 후 다시 2차 경합이 이루어졌다. 이번에도 팃포탯은 우승했다. 팃포탯 전략의 성공요인은 결코 먼저 배신하지 않는 신사적 특성과 상대방이 배신하면 단 한 차례의 응징 후에는 곧 용서하는 관대함이었다. 이는 장기적으로 서로의 협력을 이끌어 냈다.

이 결과는 우리에게 타인과 호혜의 관계를 이끌어 내려면 먼저 베풀고, 장기적으로 관대한 태도를 가지라고 제안한다.

실제로 우리는 나에게 먼저 베풀고 손해를 감수한 사람에 대해 '착한 사람', 또는 '신뢰할 만한 사람'이라는 판단을 하고 그 사람과 좋은 관계를 맺는 것이 서로에게 이익이 될 것이라고 추측한다. 이 마을에서도 다른 이들에게 더 많이 베풀고, 더 쉽게 재능기부를 하는 사람은 '좋은 사람'이라는 영예로운 지위를 얻었다. 이 지위는 다른 사람들과의 관계망과 신뢰를 얻는 데에도 효과가 좋았다. 그 경험이 쌓일수록 사람들은 생각보다 쉽게 호혜와 봉사에 익숙해졌다. 게다가 먼저 베푸는 호혜는 다른 베풂을 불러일으킨다. 팃포탯의 세계에서 먼저 베푸는 호혜는 생태계 전체를 베풂으로 전환시킬 것이고, 이는 곧 자신에게 돌아올 것이다.

이 마을에서는 대가를 바라지 않는 베풂이 호혜의 문화를 만들 수 있고, 그 속에서 사람들은 자연스럽게 좋은 관계를 향해 마음을 연다는 증거가 어디에나 있었다. 1년여 가량 이어진 인터뷰의 목적도 이런 독특한 현상이 어떻게 이 마을에서 가능했는지 알고 싶어서 였다. 그리고 우리는 이 마을의 특별함을 만든, 그러니까 먼저 베푼 사람들이 있었다는 것을 알게 되었다. 이제 그들에 대한 이야기를 해 볼까 한다.

발효의 마을

4부 ―
반자본의 마음,
마을을 바꾸다

한 번도 중심인 적이 없는
변두리 마을

평지가 거의 없는 이 동네 사람들은 오래전부터 산을 깎고 돌을 골라 만든 화전이나 다랑이논, 계곡물 가까이의 천수답을 일구며 살았다. 1960년대까지만 해도 마을에서 한 해에 쌀 열 가마가 넘는 소출이 나는 집을 손으로 꼽을 수 있을 정도로 가난했다. 땔감을 해다 장터에 내다 팔아야 아이들의 옷가지라도 사 입힐 수 있었다. 마을의 남자들은 동트기 전 지게에 땔감을 지고 몇 개의 산을 넘었다.

장터에 도착하면 점심나절이 됐다. 그들은 장터 돌다리 옆에 지게를 받치고 땔감을 사 갈 사람을 기다렸다. 땔감의 주인이 나타나고 그 사람의 집까지 나무를 져다 주면 20원이든 30원이든 돈을 손에 쥐었다. 고무신을 사거나 막창에 막걸리 한 상을 먹고 다시 겹겹이 고개를 넘어 집으로 돌아왔다. 산세는 마을을 가뒀지만 주민들은 산을 오르고 가로질러 장터로, 학교로 나갔다.

1970년대에 수확량이 많은 통일벼를 심고 전기가 들어왔다. 이웃 마을에는 공장도 들어섰다. 하지만 조상이 물려준 논밭 깨나 있거나 집안의 장손이 아닌 바에는 초등학교 졸업 후에는 대부분 배움의 연이 끊기곤 했다. 마을의 젊은이들은 대부분 인천이나 구로로 나가 공장에 취직했다.

1980년대부터는 나라에서 돈 안 되는 농사를 접고 소나 돼지를 키울 것을 장려했다. 마을의 밭에도 축사가 들어서긴 했지만 주민들의 사정은 크게 나아지지 않았다.

1990년대에 서울의 인구가 넘쳐나고 경기도에 신도시들이 들어섰다. 마을 주변으로도 서너 개의 신도시가 생겨났지만 이 마을만은 개발되지 않았다. 옆 마을 논에는 아파트가 들어서고 12차선 도로가 놓이고, 수십 개의 학교와 백화점과 마트가 들어섰다. 하지만 이 마을은 여전히 산이 만든 자루 속에 갇혀 있었다. 그러다 전원주택을 짓고 이사 오는 사람들이 제법 늘어났고 주말이면 주변 도시 사람들이 계곡의 백숙집을 찾아왔다 썰물처럼 빠져나갔다.

사람들이 기억하는 한 이 마을은 한 번도 중심이었던 적이 없다. 개발과 관심에서 오랫동안 제외되었고 이것이 지금의 마을을 만든 중요한 요소 중 하나였다.

사기 결혼의
전말

"완전 사기 당했어."

박경장의 아내가 작심한 듯 볼멘소리를 꺼냈다.

"무슨 말이야?"

"결혼 전에는 맨날 자기가 어렸을 때 섬에서 낚시하고 산에서 놀던 얘기로 나 꼬시더니만."

"허허, 그런데?"

"자기는 그렇게 잘 놀아 놓고 우리 애들은 시골 근처에서도 못 자랐어. 나도 이렇게 시끄러운 서울 한복판에 내팽개쳐 놓고."

"…"

"그래서 말인데, 이번 주말에 이 동네 한 번 가 보자."

"어디?"

그 주 토요일에 박경장과 부인은 자루마을 산꼭대기에 있는 집 하나를 구경하고, 앉은 자리에서 계약서를 썼다.

"저기… 서울 가서 좀 생각해 보고 계약은 하는 게…."

"됐어. 생각하면 뭐 바뀌나."

엄지손가락에 묻은 인주를 닦으며 박경장의 아내가 말했다. 그 말이 맞긴 하다. 서울 가서 생각하는 동안 하루에 한 번 들어오는 버스가 두 대로 늘어날 것도 아니고, 강원도 홍천과 맞먹는다는 이 산골의 추위가 누그러질 리도 없었다. 사실 그도 작은 학교의 은행나무 그늘에서 흙장난을 하는 아이들에 마음이 흔들린 터였다. 오랫동안 고즈넉한 시골의 삶으로 돌아가고 싶었지만 막상 부인과 자신의 출퇴근을, 아이를 핑계로 터전을 옮기지 못했다. 이번에도 먼저 저질러 준 사람은 부인이었다.

반자본의 마음, 마을을 바꾸다

도시에서도 잘 놀던 아이들은 이사 오고 난 후 더 잘 놀았다. 하루도 옷이 성한 채로 들어온 날이 없었다.

"아이고, 오늘은 아예 진흙바닥에서 뒹군 모양이시구만요."

아내가 아이의 청바지를 벗기자 누룽지 같은 흙덩어리들이 타닥 소리를 내며 방바닥에 떨어졌다.

"진흙바닥 아니거든요, 교회거든요."

바지를 홀랑 뒤집어 다리를 빼며 박경장의 아들이 말했다.

"엥? 어디 교회를 진흙탕으로 만들어 놓고 왔어?"

"진흙탕 아니래도. 교회 뒤에 논이 있는데 올챙이가 엄청 많더라. 바닥이 새카매."

"교회는 어떻게 갔어?"

"우리 반에 ○○이라고 있거든. 걔네 집이야. 교회가."

사람들이
모이다

마을의 젊은이들이 학교로, 공장으로 나가며 70년대 이후 마을의 인구는 계속 줄었다. 그러다 1990년대 중반 이후로 인구가 갑자기 증가했다. 신도시가 생기고 교통이 좋아지면서 도심으로 출퇴근이 가능하면서도 아직 전원생활이 가능한 곳으로 이사를 오는 사람들이 생겨났다. 각박한 경쟁을 피해 아직 시골과 다름없는 초등학교를 찾아 이사를 오기도 했다. 자루처럼 둘러싸인 산세로 더딘 개발이 마을로 사람들을 불러 모은 이유가 되었다.

많은 젊은이들이 박경장 부부와 비슷한 사연으로 이 마을로 들어왔다. 박경장은 이사 후 아이들을 인연으로 안홍택 목사와 친해졌다. 초등학교에는 여전히 한 학년에 학생이 열댓 명 정도였다. 학부모들은 교통이 시원찮은 이 마을에서 아이들을 등하교시키며 자주 만났다.

우연찮게도 박경장은 당시 마을공동체에 관한 연구 프로젝트를 진행 중일 정도로 대안 공동체에 관심이 많았다. 몇 년 후에는 마을에서 알게 된 친구들과 의기투합해 강원도 산골에 땅을 사고 한옥을 짓고 공동체를 배우는 캠프도 만들었다. 평강이 이 마을로 이사 오기로 마음을 굳히게 했던 그 '아무 것도 안 하는 캠프'였다.

이즈음에 시민운동을 하던 박윤희 부부도 마을로 이사를 왔다. 박윤희의 요양차 고즈넉한 시골을 찾아온 것이었다. 그들은 미국에서 1년간 기독교 공동체인 아미쉬 마을에 산 적이 있었다. 역시 학부모로 안목사와 만난 그들은 아미쉬에서의 경험을 상세히 전해 주었다.

아미쉬는 원래 국가와 결탁한 교회의 권력과 부패에 반대해 생겨난 기독교 종파다. 크고 부자인 교회의 부패가 지긋지긋했던 이들은 목사도 교회도 없이 교인들의 집에서 돌아가며 예배를 본다. 아미쉬 마을에서는 아직도 18세기의 전통적인 삶의 방식을 상당 부분 유지하고 있다. 핸드폰이나 컴퓨터 같은 전자제품을 거의 사용하지 않고 두 마리 말이 끄는 마차나 자전거를 타고 옷도 손수 지어 입는다. 마을의 공동학교에서는 다른 아이보다 더 좋은 성적을 종용하지 않고 이웃의 농사일을 돕고 같이 수확한다. 이 마을에서는 경쟁이나 효율보다는 호혜와 평등이 바람직하고 중요한 가치이기 때문이다. 안홍택 목사는 자본보다 중요한 가치를 믿는 아미쉬의 이야기를 유심히 들었다.

안목사는 이 마을 토박이가 아니었다. 신학교 졸업 후 이 마을의 교회 목사로 있던 대학 친구에게서 "시간 나면 한번 놀러 오렴" 하는 전화를 받았다.

"마을버스에 내려 교회 마당에 들어서자 마자 온몸에 평화가 감싸 왔어요."

안목사가 그날을 회상했다. 철학과 종교서에서 찾아왔던 평화가 이곳의 개나리 울타리 안에 아무렇지 않게 둘러져 있었다. 유학가는 친구 대신 1년의 목사직을 기약하고 왔던 이곳에서 그는 머리가 희어졌다.

안목사는 마을 공동체에 기여하는 교회의 역할에, 더 정확히 말하자면 교회와 마을이 어울려 '어떻게 잘 놀 것이냐'에 관심이 많았다. 그와 박경장은 관심사도 비슷했거니 이 마을에서 오랜만에 만난 젊은이라는 것이 서로 반가웠다. 게다가 둘 다 음악을 좋아해 밤이면 작은 방에 모여 노래를 불러 젖혔다.

이후로 나이 든 토박이들이 대부분이던 이곳에 젊은 학부모들이 모이기 시작했다. 대여섯 명의 학부모들이 매주 만나 기타를 치더니 밴드와 독서 모임이 후다닥 만들어졌고 몇 달 만에 가족같이 허물없어졌다. 도시보다는 자연을 찾아온 이들에게는 마음 밑바닥부터 친화력이 있었는지도 모른다. 덕분에 그해 봄에는 칠십 줄의 노인들을 앞혀 놓고 비틀즈를 연주하는 막 나가는 음악회도 성황리에 마쳤다. 그즈음 안목사가 새로운 친구들에게 말했다.

"마을에 도서관을 하나 만듭시다."

반자본의 마음, 마을을 바꾸다

가난한 사람들이 행복하려면

돌멩이 스프처럼
도서관이 지어지다

그때만 해도 마을버스가 한 시간에 한 대뿐이었고 슈퍼마켓에 다녀오는 데에도 한나절이 걸렸다. 학교 도서관도 이름뿐이어서 수업을 끝낸 아이들이 갈 곳도 마땅치 않았다. 마을의 젊은 학부모들에게는 아이들을 위한 장소가 필요했다. 문학평론가와 마을운동가와 시민운동가가 만났다. 그들이 아이들에게 무엇을 지어주고 싶겠나. 도서관이다.

당시 안목사는 마을에서 가정 형편이 어려운 아이들을 차에 태워 1주일에 한 번씩 근처 아파트 단지에 있는 도서관에 다녀오곤 했다. 안목사는 그 작은 도서관이 자리 잡으면서 사람들의 삶이 달라지는 것을 보았다. 이 마을에도 도서관이 있으면 좋을 것 같았다. 당시 교인은 기껏 30-40명이었고 대부분 작은 농사와 소규모 축산을 하고 있어 안정적인 수입이 있는 사람도 없었다. 목사는 마을 사람들과 비닐하우스에서 15년 가까이 서양란 농사를 지었다. 그 수입의 대부분은 같이 일하는 주민들이 독립해 농장을 설립하는 자금이 되었다. 목사도 주민도 가난했고 도서관에 마땅한 장소도 딱히 없었다.

그런데 '렛잇비'를 부르던 마을 친구들에게 목사가 말을 꺼낸 지 2주만에 도서관 개관준비위원 여덟 명이 모였고, 도서관은 거짓말처럼 문을 열었다. 그리고 지금은 "여기가 우리나라에서 제일 잘되는 작은 도서관이잖아요"라면서 견학 오는 사람들이 줄을 잇는다.

> "놀이공간이었으면 합니다. 지역의 여러분들이 부담 없이 찾아와 이야기를 나누는 사랑방 말입니다. 마을의 빨래터요, 느티나무가 되었으면 합니다."

> "독일에서는 베를린 필하모니가 시골마을에 와서도 공연을 합니다. 최고의 문화를 중앙에서 멀리 떨어진 곳에서도 누릴 수 있는 것입니다. 저도 우리 지역이 그런 좋은 문화로 넘치는 곳이 되었으면 합니다. 음악회, 영화, 그림, 도서 등이 이 지역의 사람들에게 자연스럽게 스며들어 왔으면 합니다."
> -밤토실도서관 개관준비위원 회의록

첫 번째 준비 모임에서 그들은 서로가 꿈꾸는 도서관에 대해 얘기를 나눴다. 꿈은 아름다웠지만 아쉽게도 그 외에는 모든 것이 막막했다. 장소부터 문제였다. 초등학교에 도서관을 열면 좋을 것 같았

반자본의 마음, 마을을 바꾸다

지만 교장은 체육관을 짓는 중이라 엄두가 안 난다며 고개를 저었다. 마을 회관이 절반이나 비어 있었지만 주민들이 공짜로 장소를 제공하려 하지 않았다. 공간이 없으니 도서관 짓는 일도 물 건너갈 판이었다. 선한 의도로 시작한 도서관 사업은 차가운 이기의 벽에 부딪혔다. 누구도 뾰족한 해결책을 내놓을 수 없다는 것에 준비위원들은 더 상처를 받고 있었다. 그때 준비위원회 회의에서 안목사가 말을 꺼냈다.

"제가 사택을 비울 테니 그곳에 도서관을 짓지요."

슬레이트 지붕을 얹은 방 두 칸짜리 낡은 집이었지만 손수 창문을 달고 페인트칠을 해 신혼을 시작한 곳이었다. 안목사가 손에 쥔 것을 내려놓고 빈손을 내민 것이다. 그러자 도서관을 세우기 위한 크고 작은 기부가 줄을 잇기 시작했다. 빈 냄비에 당근과 치즈가 모여 돌멩이 수프가 끓여지듯이 없던 도서관이 만들어졌다.

마을의 김영순 할아버지와 개관준비위원회 사람들은 시간이 날 때마다 낡은 천장과 벽을 다시 쌓고 페인트를 칠했다. 주말이면 마을 사람들이 짧게는 며칠, 길게는 몇 달씩 도서관에서 벽돌을 나르고 나무를 자르며 공사를 돕기도 했다. '렛잇비' 베짱이의 일원인 한동우 교수는 동료 도예과 교수에게 부탁해 도서관 현판을 만들어 달았다. 개관준비위원회는 좋은 책을 선별하기 위해 1년 가까이 그림책 연구 모임과 도서관 탐방을 했다. 2대 박영주 관장은 친구 가게에서 쓰던 책장을 수소문해 도서관에 보냈다. 장미도서관의 고 박영순 관장이 자신의 아이들이 보던 책을 기증했고, 마을 사람들은 그해 음악회에서 에코백과 머그컵을 팔아 수익금을 도서관 개관에 보탰다. 개관 후에는 시민단체와 기업의 지원금으로 나무데크와 도서관 마루를 깔았다.

개관식에는 마을 사람과 학부모들을 초대해 잔치를 열었다. 마을에 살던 화가가 개관식의 무대 배경을 그리고 한 시인이 축시를 써주었다.

여기 우리의 약속이 너희를 지켜내고
여기 우리의 공간이 너희를 살려낼 것이니
그때 우리의 아이들이 웃으며 말하리라.
밤토실 어린이도서관의 꿈꾸는 공간으로 내 삶이 달라졌다고.
그때 그 작은 공간이 내 영혼을 일으켜 나눌 수 있는 존재가 되었다고.

-밤토실도서관 개관선언서 중에서

아무 것도 없던 곳에서 여러 사람의 기부와 희생으로 이곳은 지어졌다. 손에 잡힐 것 같지 않던 그들의 꿈은 놀라우리만큼 지금의 도서관과 닮아 있다. 마을의 엄마와 아이들은 오가다 나무 그늘에 앉듯 편하게 이곳에서 사람들을 만난다. 다른 도서관에서는 아이에게 수학문제를 부지런히 풀라던 엄마조차 이곳에서는 '오늘 잘 놀았으니 됐다'며 어스름의 도서관을 나선다. 그러다 그들의 삶은 천천히 바뀌곤 한다. 그날의 예언대로 사람들은 이곳에서 달라졌노라고, 나눌 수 있는 존재가 되었노라고 고백한다. 베를린필은 아직 오지 않았지만

반자본의 마음, 마을을 바꾸나

이 도서관만큼 오래 지속되고 사랑 받는 곳은 흔치 않다.

자본에
맞서다

"정말 그게 가능한가요?"

안홍택 목사와의 인터뷰에서 나는 고개를 갸웃거리며 물었다. 아무리 마을 사람들 간의 친밀한 관계가 있다 한들 장소도 조직도 없던 작은 마을에 이토록 훌륭한 도서관을 세울 만한 에너지가 어떻게 모였는지 잘 이해가 가지 않았다.

"사실은 그 전에 저유소와 골프장 투쟁이 있었죠."

안홍택 목사의 답에 그제서야 의문이 풀렸다.

안목사가 부임한 후로 다섯 번째 봄이었다. 교회 마당에 흩뿌려진 목련 꽃잎을 밟으며 마을 사람 셋이 들어섰다.

"목사님 계십니까?"

1년 중 서양란 농사가 가장 바쁠 때였다. 흙탕물이 튄 고무장화를 신은 안목사가 화분을 내려놓고 비닐하우스에서 나왔다.

"처음 뵙겠습니다."

남자가 악수를 청했다. 손톱 밑에서 금방이라도 흙 부스러기가 떨어질 것 같은 사람들이었다. 한참 모내기할 논을 갈고 물을 대야 할 때였다. 장정이 셋이나 찾아온 걸 보니 뭔가 쉽지 않은 일이 벌어졌다는 생각이 스쳤다.

"산 밑으로 포크레인 여러 대가 왔다 갔다 하는 걸 저희가 직접 가서 보고 왔습니다. 산을 까고 있는데 아무래도 그 공사가 진짜로 시작된 것 같습니다."

남자가 말을 꺼냈다.

1995년, 이 마을에는 서울과 경기도 전역에서 사용할 기름을 저장할 30만 평 넓이의 저유소 공사가 시작되었다. 자동차 400만 대를 주유할 수 있는 대규모 사업이 이목을 끌지 않는 변두리라는 이유로 조용히 시작된 것이다. 오랫동안 주민들이 제집 화장실조차 마음대로 고치지 못했던 보전지역 규제가 풀리고 알 수 없는 연유로 땅도 대기업에 헐값에 매각되었다.

찾아온 마을 사람들은 교인도 아니었으니 그날 목사가 남자들을 온화한 말로 달래 보내고 조용히 난 꽃대만 묶었던들 서운타 할 일도 아니었다. 하지만 그는 마을 사람들과 1년 가까이 중장비 아래에 드러눕고 광화문에서 시위를 주도했다. 보다 못한 마을 할머니들이 알몸투쟁을 불사할 정도로 저항은 격렬했다. 하지만 결국 주민들은 건설사와 합의했고 마을 입구에는 거대한 저유소가 지어지고 말았다.

저유소 투쟁 10년 후, 이번에는 마을의 저수지 한가운데로 드라이브샷을 날리는 골프연습장 건설 계획이 세워졌다. 그대로라면 천연기념물이 사는 저수지가 파괴될 것이 뻔했다. 마을 사람들과 학부모들이 적극적으로 반대 시위에 참여했다.

저유소가 그랬듯 결국은 골프장도 세워졌다. 그리고 몇 년이 지나서야 실패로만 알았던 시위에 의도하지 않았던 수확이 있었음이 밝혀졌다. 바로 참여했던 마을 사람들 간의 신뢰와 네트워크였다. 투

반자본의 마음, 마을을 바꾸다

옥된 동료를 면회 가고 같이 포크레인 아래에서 찬물을 맞으며 떨었던 그들은 어떤 일에도 서로를 신뢰하고 함께할 수 있는 끈끈한 관계가 되었던 것이다. 이 투쟁에 참여했던 주민의 상당수가 도서관의 개관준비위원이 되었다.

마을 사람들을 묶어 주는 도서관, 목공소, 그냥가게와 생태교실, 마을음악회 등의 행사는 안홍택 목사를 비롯한 초기 이주민들의 노력으로 이루어졌다. 특히 안홍택 목사는 마을의 다양한 일을 제안하고 사람들을 독려했다.

그냥가게의 골골거리는 석유난로 옆에서 마을에서 이런 일을 시작한 연유를 묻자 그가 답했다.

"우리가 지향하는 것은 결국은 자본에 대척할 수 있는 존재가 되는 것이에요. 도서관도 그렇고 그냥가게도, 목공소도 자본에 맞서 보겠다는 생각으로 만들었어요. 가난한 사람들이 모여서 즐겁게 놀면 부자보다 더 행복해지거든요. 반자본의 정신은 함께 모여 잘 노는 것에서 시작한다고 생각합니다."

그냥가게의 커피 가격을 정할 때에도 안목사는 "돈을 받는 것은 자본의 논리이니 우리는 돈을 받지 않기로 하지요"라고 말했다. 공짜 커피에서, 도서관에서, 생태교실에서 나와 친구들이 느꼈던 이유 모를 따뜻함은 그를 비롯한 수많은 이들의 희생으로 달궈진 것이었다.

1년여의 저유소 투쟁 과정에서 그가 타고 있는 자동차를 포크레인이 흔든 적도 있고, 돈봉투로 회유하는 건설사 직원이 찾아오기도 했다. 하지만 가장 힘들었던 것은 시위에 함께하던 이웃이 건설사

이름이 박힌 명함을 뿌리며 자신과 동료에게 목소리를 높였을 때라고 한다. 그에게는 광폭한 자본의 경험이었을 것이다. 그럼에도 그는 가난한 사람들이 함께 행복해지는 꿈을 멈추지 않았던 것이다.

가난한
이민자의 마을

1950년대 초반, 미국 오클라호마 대학의 의사 울프 박사는 여름휴가를 펜실베니아의 한 마을에서 보내기로 했다. 간 김에 그곳 지방 의료사회의 초청으로 강연을 했다. 강연을 마치고 그 마을의 의사와 맥주를 마시던 그는 놀라운 이야기를 들었다.

울프 박사의 앞에 앉은 남자의 말에 따르면, 근처에 '로제토'란 마을이 있는데 자신이 의사로 일하는 17년 동안 그 동네에 사는 65세 미만 사람들 중에 심장마비 환자를 본 적이 거의 없다는 것이다. 울프 박사는 자신이 엄청난 가치를 지닌 연구 자료를 발견했음을 곧바로 깨달았다. 로제토 마을에서 심장병 발병을 낮추는 원인이 무엇인지 밝힐 수 있다면 학계의 스타가 될 수 있었다. 그도 그럴 것이 당시 미국에서는 심장마비가 65세 미만 남성의 사망원인 중 가장 높은 비율을 차지했으니까. 실제로 로제토에서는 55세 이하는 누구도 심장마비로 죽지 않았고, 65세 이상의 심장마비 사망률도 미국 전역 평균치의 절반에 불과했다. 알코올 중독자나 약물 중독자가 없었고 자살률과 범죄율도 매우 낮았다.

우연히 간 휴가지에서 스트레이트 플러시 카드를 찾은 그는 학교로 돌아가 연구 계획을 짜고 지원금을 유치했다. 이후 연구는 10년 간 이어졌다. 로제토 마을의 25세 이상 주민 중 약 15퍼센트가 연구 대상이 되었고, 이웃하는 네 개 마을 중 두 개에서 2000명이 넘는 주민들에 대한 추가 조사가 있었다. 수천 명을 대상으로 몇 년 동안 혈액 검사, 심전도, 혈당, 요산수치 등을 측정했고, 마을 사람들을 방문해 인터뷰를 하거나 참여관찰, 설문조사도 병행했다.

심장병 확률을 낮춘 변수로 가장 먼저 고려된 것은 식단, 환경, 그리고 마을 사람들만이 가지고 있을지도 모를 유전형질이었다. 로제토 주민의 대부분은 본토의 가족에게 돈을 부칠 수 있기를 기대하며 바다를 건너 온 이탈리아 이민자의 후손들이었다. 많은 사람들이 그렇듯 울프 박사도 이탈리아에서 먹던 건강한 식단이 로제토 사람들의 심장병에 영향을 미칠 것이라고 예상했다. 하지만 기대와는 달리 로제토 주민은 단 음식과 소시지 같은 가공식품을 잔뜩 먹었고, 이탈리아에서 먹던 올리브유는 너무 비싸 돼지기름으로 조리를 했다. 함석 채석장에서 일했던 그들은 열악한 환경에서 고된 노동을 할 뿐 별다른 운동을 하지도 않았고 골초도 많았다.

다음으로는 자연환경과 유전이 요인으로 떠올랐다. 울프 박사는 변수를 통제하기 위해 로제토 마을과 같은 물을 사용하며 비슷한 자연환경을 가진 이웃 마을 사람들의 생활과 건강도 조사했다. 비슷한 유전형질을 지녔을 것으로 추측되는 이탈리아 이민자 마을에서도 혈액을 체취했다. 하지만 이들 마을의 심장병 발병율은 미국 내 다른 지역에 비해 결코 낮지 않았다.

울프 박사가 연구했던 식단이나 자연환경, 유전자는 심장병을 낮추는 데에 유효한 요인이 아닌 것으로 드러났다. 수년간 막대한 연구비를 쏟아부었던 울프 박사는 보고서를 쓰기 전에 로제토의 퀴퀴한 바에서 싱글몰트 잔을 연신 비우며 연구를 시작한 것을 후회했을지도 모른다. 애초에 여기로 휴가를 온 것이 잘못이었다고 스스로를 원망하며 되돌아갈 수 없는 신세를 한탄했을지도 모른다. 그리고 엉망으로 취해 잠든 다음 날, 문밖에 두런거리는 마을 사람들의 목소리를 들었을 수도 있다.

"아이구 이런, 이 양반 요새 허구한 날 고주망태가 돼서 돌아다니는디… 일이 잘 안 되는 건 아닌감."

"안됐네 그랴. 객지에서 고생 많었는디."

"그려. 사람 사는 일이 그렇지 원… 쯧쯧…."

날뛰는 관자놀이를 누르며 까치머리로 방문을 나서던 울프 박사는 문 앞에 놓인 북엇국 뚝배기와 수건에 둘둘 말아 놓은 밥공기에 걸음을 멈췄을 수도 있다. 그리고 언제나처럼 포도나무 그늘 아래에서 들리는 마을 사람들의 웃음소리를 들었을래나. 그리고 울프 박사는 새로운 이론을 세웠을 수도 있다. 문제는 '블랙박스'라는 것. 그동안 블랙박스 안에 집어넣고 들여다보지 않았던 사람들의 마음 속에 일어나는 일들, 독특한 마을의 공기, 그리고 그 공기를 만든 요인이 새로운 변수로 떠올랐을지도.

연구 기간이 길어지면서 이 마을을 속속들이 들여다보았을 울프 박사와 연구진은 이 마을 사람들이 서로 잘 알고 있고, 길에서 만나 인

반자본의 마음, 마을을 바꾸다

사하고 이야기를 나누는 것을 보아 왔다. 로제토의 주민은 말했다.

"다른 동네 사람들은 너무 빠르게 살아요. 여기는 평화롭고 조용하고 사람들도 친절해요. 전 쉽게 친해지고, 착하고, 종교적이고, 가족처럼 서로 돕는 이곳 사람들이 좋아요. 어려울 때 서로 돕는 친구와 친척이 있는 곳에서 어떻게 이사를 가겠어요. 우리 모두는 서로를 신뢰합니다."

이곳 사람들은 마을 일에 자발적으로 참여했다. 뿐만 아니라 개인의 문제를 공동체가 함께 해결하려는 문화가 있었다. 이웃이 파산과 같은 어려움에 처하면 마을이 그 가족의 문제를 함께할 책임이 있다고 여겼으며 먼저 성공한 사람은 친구를 도와주었다. 로제토의 청소년들은 이웃 마을 10대보다 가족 결속력이 더 높았고 사춘기의 반항심도 낮았다. 노인의 경험을 존중하는 문화가 있었고, 부를 자랑하지 않는 마을의 분위기가 있어 사람들은 소탈하고 친근한 관계를 유지하며 살 수 있었다.

로제토의 이러한 따뜻한 공동체 문화가 안정감과 신뢰를 주어 심장병 확률을 낮추었다는 것이 울프 박사의 결론이었다. 그렇다면 그 다음 궁금증은 왜 이 마을에서만 이런 일이 가능했냐는 것이다.

니스코
신부

이탈리아보다 조금 더 비싼 인건비를 찾아 황무지 로제토에 이민자 몇 명이 도착했을 때 그들이 본 것은 황무지와 돌무더기뿐이었다. 이민자 가족들은 함석 채석장에서 일하는 틈틈이 굴러다니는 돌을 쌓아 집을 지었다. 그렇게 병원이나 문화시설이 있을 리 없던 이곳에 마을이라 부를 만큼 집이 생기고 작은 교회도 지어졌다.

이 마을이 주변의 다른 이탈리아 이주민 마을과 눈에 띄게 달라진 것은 니스코 신부가 부임하면서부터다. 신부는 아이들을 학교에 보내도록 부모를 설득하고 순회도서관을 만들었다. 주민의 연령대에 맞춰 소규모 모임도 만들었다. 신부는 이탈리아에서처럼 마을을 아름답게 꾸미자며 꽃씨와 구근을 주민에게 나눠 주었다. 마을의 부인들은 함께 공터를 치우고 그 자리에 양파, 콩, 감자와 멜론을 심었다. 덕분에 먹거리가 조금 더 풍성해졌고 몇 년 후에는 마을에 과일과 포도나무가 가득 찼다.

당시 함석 채석장의 임금은 시간당 8센트였고 그나마 3개월에 한 번씩 받았다. 신부는 채석장 사장과 임금협상을 시도했지만 여의치 않자 노동조합을 설립하고 스스로 조합장을 맡았다. 채석장 사장은 파업을 무너뜨릴 생각으로 남부에서 흑인 인부 100여 명을 불러왔다. 하지만 채석장을 둘러본 그들은 너무 위험해 도저히 일할 수 없다면서 고개를 젓고 돌아가 버렸다. 신부와 노동자들은 하루 1.5달러로 임금을 올리는 데 성공했다.

시간이 흐르자 로제토 마을 사람들은 주민이 연대하면 가질 수 있는 힘을 알게 되었다. 니스코 신부조차 불가능할 것이라고 생각했지만 마을 유권자들은 로제토에 자치권을 달라는 청원을 시작했다. 로제토는 1912년에 미국에서 최초로 이탈리아인이 자치권을 가진 지방 정

반자본의 마음, 마을을 바꾸다

부가 되었다. 니스코 신부는 1911년에 세상을 떠났다. 1970년 로제토의 가구 수는 350개로 늘었고 마을의 가치는 3500만 달러에 달했다.

울프 박사에 따르면 로제토 마을의 이웃에 대한 관심은 누구도 배제되지 않는다는 확신을 주었다. 이런 사회적 결속은 주민들에게 일종의 안정감을 주었을 뿐 아니라 실질적으로도 재난에 대한 보장책이 되었다. 위험에 처했을 때 문만 열면 도와줄 사람이 어디든 있는 환경이 심장질환과 갑작스런 사망 확률을 확연히 줄였다는 것이다.

공동체가 심장병을 없앴다면 반대로 공동체가 깨진다면 심장병 확률이 높아질 것이다. 로제토 마을에서는 실제로 이런 일이 일어났다. 슬프지만 또 하나의 확실한 논거가 된 셈이다.

시간이 지나자 로제토 마을의 젊은이들은 아이비리그의 꿈을 안고 더 큰 도시로 떠났고 대부분 시골마을보다 훨씬 많은 연봉과 쾌적한 환경이 있는 곳에서 고향으로 돌아오려 하지 않았다. 산업화가 진행되면서 로제토 마을에도 이른바 미국식 풍요가 퍼져 나갔고 사람들은 넓은 잔디 정원과 수영장이 딸린 새 주택단지로 이주해 갔다.

"이사 온 마을은 모든 것이 현대적이고 아주 편리해요. 저는 필요한 것을 모두 갖고 있어요. 사람만 빼고요. 로제토에 살았을 때에는 항상 이웃이 내 부엌에 있거나, 제가 이웃의 부엌에 있었죠. 우리는 서로 많은 얘기를 나눴고 마을에서 무슨 일이 일어나는지 다 알았죠. 주변엔 항상 사람이 있었고 외롭지 않았어요. 그때가 그리워요. 하지만 제가 그곳으로 다시 돌아가지 않을 것도 알고 있죠."

울프 박사가 쓴 <로제토 이야기 The Roseto story>는 1979년 출판 되었을 때에는 그다지 주목 받지 못했다. 그 시절 학계에서는 '공동체가 나를 지켜줄 것이라는 안정감이 마을 사람들의 심장병 발병을 낮췄다'는 울프 박사의 주장을 비과학적이라고 여겼을 것이다. 하지만 최근 들어 로제토는 다시 회자되고 있다.

이 마을에서
아이가 자란다면

이 마을에 오기 전까지, 결혼 후에만 아홉 번 넘게 이사를 했던 우리 가족에게는 이웃이란 것이 없었다. 1000세대가 넘는 아파트 단지에서 아는 사람은 어린이집 선생님 몇 명뿐이었다. 아이가 8개월이 될 때까지 혼자 아이의 밥을 먹이고, 기저귀를 갈고, 열이 나면 마음 졸이면서 가장 힘든 점은 모든 것을 혼자 감당해야 하는 것이었다. 아이가 걷고 제대로 말을 하게 될 때까지 혹시 아이 울음소리를 듣지 못할까 봐 샤워를 하면서도 문을 닫지 못하고 지냈다.

그러다 가끔 친정에 가면 그렇게 편할 수가 없었다. 식구들이 번갈아 가며 아이를 조금씩만 봐 줘도 나는 한두 시간을 쉴 수 있었다. 보는 눈이 많으니 하루 종일 아이가 이상한 걸 집어 먹는 건 아닌지, 뾰족한 곳에 부딪히지 않을지 신경을 곤두세우지 않아도 됐다. 인간의 아이란 원래 대가족 안에서 자라도록 태어난 것이 아닐까 하는 생각을 하며, 동굴을 벗어나 사람이 된 웅녀의 기분이 되었다. 비로소 보통 사람의 해방감을 느꼈던 것이다.

어린이집에 8개월 된 아이를 보낸 후 일을 다시 시작했다. 젖이

퉁퉁 붓고 옷이 젖는 것도, 화장실에서 유축을 하는 것도 참을 만했다. 하지만 고무젖병을 물지 않아 하루 종일 굶고 있던 아이에게 퇴근 후에야 허겁지겁 젖을 물릴 때면 안타까웠다. 야근으로 어린이집에 아이를 데리러 가지 못해 회사와 어린이집의 눈치를 볼 때면 답이 안 나오는 수학문제를 푸는 기분이 들기도 했다. 결국 나는 일과 둘째 아이를 모두 감당하기는 어렵다는 결론을 내리고 둘째를 갖는 것을 포기했다.

아이의 초등학교 입학을 앞두고도 걱정이 앞섰다. 지루한 수업, 필요 없는 것을 끊임없이 외워야 하는 교육 과정, 몇몇 지독했던 교사, 경쟁과 무기력을 가르치는 교실의 공기, 암암리의 폭력들… 우리나라의 학교가 지긋지긋했던 나는 아이를 대안학교에 보내고 싶었다. 하지만 시도도 없이 도피해서는 안 될 것 같아 시골학교로 절충했다. 입학식에서 아이는 불안한지 자꾸만 뒤돌아 눈으로 나를 찾았다. 교단을 향해 줄을 서고 국민의례를 하는 딸의 뒤통수를 보니 울컥했다.

그런 내가 이 마을에서 자라는 아이들을 볼 때면 마음이 착잡해졌다. 마을에서 두어 해를 살며 '조금만 더 젊었다면 이 마을에서 둘째를 낳아 키워보고 싶다'는 생각을 했기 때문이다.

밤토실 도서관에서는 아이가 예전의 대가족 안에서처럼 자라고 있었다. 갓난아이를 10분씩 안아 주는 손이 여럿이었고 도서관에 들어서면 사람들이 아이에게 말을 걸고 놀아 주었다. 그러니 혼자서 종일 아이 돌보는 일이 막막하던 마을의 엄마들은 매일 도서관에서 죽순이로 사는 일이 많았다. 아이는 그곳에서 기저귀를 떼고, 걸음마를 배우고, 아무 어른에게나 "책 읽어 주세요"라며 책동냥을 하다 저절로 한글을 배웠다. '도서관 키드'라 불리는 아이들이었다.

도서관 키드들은 육아 스트레스에 지친 엄마와 단 둘이 아닌 이웃의 여러 어른들에 둘러싸여 자랐고 어른들과도 금세 친구가 됐다. 흙마당에서 축구를 하고, 페트병 물총을 만들고, 마당의 평상에서 딱지치기를 하고 그네를 타고 놀다 "다쳤어!" 하면 누구라도 손가락을 호 불고 밴드를 붙여 주었다.

도서관에서 아이를 키워 보고 싶다는 생각을 한 것은 단지 아이를 봐줄 손이 많아 몸이 편할 것 같아서만은 아니었다. 이런 곳에서라면 어떤 아이라도 사랑과 배려를 몸으로 익히며 자라 다른 이에게도 베풀 줄 아는, 그래서 세상에 도움이 되는 사람으로 자랄 것임이 확실했기 때문이었다. 이곳의 아이는 경쟁보다는 주고받으며 사는 법을 먼저 배울 것이다. 그렇게 자란 아이는 쉽게 상처받지 않고 상황에 휘둘리지 않는, 강하고 낙천적인 어른이 될 것임에도 의문의 여지가 없었다. 나는 우리나라의 출산 정책을 만드는 이들에게 도서관의 아이들을 소개하고 싶은 충동을 느끼기까지 했다.

어설픈
쿠키

1년 전쯤, 골목길에서 예일이네 엄마가 낑낑거리며 차에 오븐을 싣는 것을 보았다. 주전자도 슬리퍼도 아닌 오븐을 차에 싣고 있으니 이유가 궁금하지 않을 수 없었다.

173

"방금 도서관에서 쿠키 만들기 수업하는데 오븐이 모자라다고 전화가 왔거든. 어째서 이 동네에서는 쿠키를 한 번도 안 만들어 본 사람들이 쿠키 수업을 하는 거야! 아휴! 참, 아린이네도 심심하면 같이 가자. 한두 명 자리는 더 있을 거야."

대충 상황이 짐작되었다. 도서관 자원활동가 월례회의에서 아이들 방학 프로그램으로 뭘 할지 고민했을 것이고, 딱히 새로운 것이 안 나왔을 것이고, 보다 못해 쿠키는 만들어 본 적이 없으나 기개가 넘치는 누군가가 "내가 쿠키 만들기 수업할게요. 두 명만 더 도와줘요" 했을 것이다.

그날 오후, 쿠키를 만들어 보지 않은 자는 왼손으로 쿠키 레시피를 검색하면서 오른손으로 아이들에게 녹인 버터 한 국자씩을 나눠 줬고, 지나던 엄마들 몇이 합류해 재료를 나눠 주고 청소를 도왔다. 우여곡절 끝에 쿠키는 완성됐고 동네 아이들 20-30명이 꿈틀이, 하트, 공룡으로 추정되는 쿠키 한 봉지씩을 들고 뛰어갔다. 덕분에 아이들은 무료한 여름방학의 한나절이 즐거웠고 그동안 엄마들은 목을 축이듯 방학 동안 부풀대로 부푼 수다 주머니를 풀 수 있었다.

"그런데 사실 전 도서관이 그런 식으로 운영되는 게 안타깝기도 했어요. 적극적인 리더가 앞장서서 더 멋진 프로그램을 진행하면 좋을 것 같은데 말이죠."

나도 은숙 씨와 비슷한 생각을 한 적이 있다. 이 도서관에서는 누구도 애써 열정적으로 일하는 것 같지 않았다. 그들은 하고 싶은 만큼, 할 수 있는 만큼만 하는 봉사에 익숙했다. 책임자와 리더도 없이 그때그때 시간 나는 사람이 일을 하며 도서관은 굴러갔다.

"갑자기 아이가 아파 병원에 가야 해요. 저와 도서관 봉사시간 바꿔 주실 분 계실까요?"

도서관 자원봉사자 단체카톡방에는 수시로 이런 글이 올라왔지만 언제든 대신할 이가 나왔고 도서관이 문을 닫는 일은 없었다.

이들은 경험상 쿠키 반죽이 되고 무르거나 오븐 한두 개가 모자라는 것은 큰 문제가 아니라는 것을 알았다. 그리고 몇 사람이 희생하면 여러 사람들이 즐거워지는 경험에 익숙했고 작은 봉사도 큰 칭찬과 애정이라는 보답을 받았다.

'결과보다 과정'이라는 말은 실로 이 마을에 잘 어울렸다. 마을 사람들은 종종 의기투합해 장터에서 떡볶이나 주먹밥을 만들어 팔기도, 직조나 뜨개질 수업을 만들기도 했다. 모임의 주제나 돈을 벌겠다는 목표보다는 서로를 만나는 것이 더 중요했다. 이를테면 명색이 글쓰기 모임의 일원들은 이름마저 '언젠가'로 짓고는 허구한 날 들풀 뜯어 밥해 먹고 술 담가 나눠 마시고 함께 취해 돌아다니는 일에 더 열심이었다.

"다른 곳에서는 다들 누리기만 하고 책임은 지지 않으려 하니 규칙을 정하잖아요. 그런데 여기엔 그런 게 없어요. 제가 도서관 지킴이 첫날에 희경 씨가 쓰레기통을 비우고 오는 거예요. '지킴이가 해야 할 일인데…' 하니 희경 씨가 '저도 그렇게 도서관 일을 배웠어요' 하더라고요."

마을을 드나든 지 1년이 되어갈 즈음 은숙 씨는 문득 더 멋진

반자본의 마음, 마을을 바꾸다

프로그램을 위해 분투하다 자칫 이 아름다운 노동이 사라져버릴 수 있다는 생각이 들었다고 한다. 상명하달식으로 떨어지는 일이 달갑지 않아 투덜거림이 많았던 예전의 자신이 떠올랐다. 마을의 노동은 느리고 열심이지 않았지만 덕분에 오래 지속되고 사람들은 그 속에서 평화로웠다. 다그치치 않고 느슨했기에 지치지 않고 편안했다. 이곳에서는 일보다 사람이 우선인 듯했다.

오래된 마을

마을은
이렇게 만들어졌다

인터뷰를 통해 만난 사람들은 짧은 글로는 감당하기 어려울 만큼 이 마을을 칭찬했다. 그들도 인정하듯 이 마을에는 산업화 이후 우리나라의 도시에서는 보기 힘든 독특한 문화가 있다. 이 마을에서는 자주 웃었고 서로를 존중하며 부를 자랑하지 않았다. 앞서도 말했듯이 인터뷰를 하고 이 책을 쓰기로 마음먹은 것도 어떻게 이런 일이 가능한지를 알고 싶어서였다.

"왜 이 마을에서 행복해졌다고 생각해요?"

"그거야 자연 때문이 아닐까요? 도서관 마당에 그냥 앉아 있기만 해도 마음이 좋아져요."

많은 사람들이 자연과 가까이 할 수 있는 이곳의 환경이 그 원인 중 하나라고 입을 모았다. 목화와 토마토가 열리는 정원, 맑은 공기와 살랑이는 바람, 층간 소음이 없는 단독주택 덕분이라는 것이다.

그러나 자연과 가까이 산다고 해서 모두가 행복하거나 겸손해 지지는 않는다. 마을 사람들의 문화는 서로가 잘 알고 자주 만나는 과정에서 생겨났다. 나를 비롯한 많은 이들이 그 관계 속에서 자신과 타인의 소중함을 발견했다. 그렇다면 이곳에서 관계의 밀도가 이토록 높아진 이유는 무엇일까?

　　첫째는 이곳의 학교였다. 이 마을 학부모들의 대부분은 작은 초등학교의 모임을 통해 마을의 네트워크에 연결된다. 이외에 가까운 곳에 있는 대안학교에서도 학부모들이 학교 교육에 참여하고 별도의 소모임과 협동조합 등을 만들어 마을 전체의 분위기를 바꿔 가고 있다. 또한 이곳에는 아이에게 경쟁보다는 마당에서 아이를 놀리고 싶은 부모가 찾아오는 경우가 많았다. 놀이의 장소와 기회가 많은 이곳에서 아이와 어른들은 다른 학교에서보다 더 네트워크에 쉽게 얽힐 수 있었던 것으로 보인다.

　　다른 도시 지역보다 개발이 느린 데다 고립된 지역의 특성 또한 마을 사람들이 관계를 구축하는 데 일조했다. 수요가 공급을 만들 듯, 자원과 서비스를 조달하기 어려웠기 때문에 이들은 마을 안에서 물건이나 서비스를 사거나 교환했다. 옷이나 음식을 서로 나누는 일이 잦았을 뿐 아니라 재능기부를 통한 교육이나 동아리 활동, 품앗이 교육도 더 활발했다. 이런 가벼운 부조의 경험을 하는 과정에서 마을 사람들의 관계는 더 공고해졌다.

　　학교 외에도 도서관, 그냥가게, 목공소와 마을축제, 음악회 등 마을의 장소와 행사들도 네트워크를 만드는 데 도움이 되었다. 주민들은 이곳에서 자원봉사를 하거나 행사의 준비에 참여하면서, 또 이를 즐기는 과정에서도 서로 친구가 되었다.

도서관, 목공소 같은 장소와 음악회 등의 행사는 이곳에 젊은 이주민들이 모여들면서부터 만들어지기 시작했다. 1990년대 이후 마을 주변이 신도시로 개발되면서 도심으로 출퇴근하면서도 전원생활이 가능해지면서 새로운 이주민들이 마을로 들어왔고, 많은 다른 농촌 마을에서와는 달리 젊은 인구의 비율이 높아졌다. 마을의 초등학교와 가까운 대안학교들의 학부모들로 네트워크가 생겼고, 저유소와 골프장 투쟁 과정 등을 통해서도 주민 간의 관계가 공고해졌다. 이 네트워크는 이후에 이주한 마을 사람들이 만나는 장소와 계기가 된 도서관 등의 설립과 마을 행사를 만드는 데 큰 힘이 되었다.

특히 안홍택 목사는 이후의 마을 공동체 운동을 주도한 인물 중 하나다. 그는 많은 사람들을 대면하는 목사라는 특수성에 기반해 교인을 비롯한 이주민들을 자주 만나고 마을 운동에 참여하도록 했다. 사람에 대한 관심이 많고 사교적인 안목사의 개인 성향과 자기희생도 마을 운동을 이끈 리더십의 기반이 되었다.

이 마을에서 가장 놀라웠던 것은 많은 이들이 누가 시키지 않아도 서로를 행복하게 만드는 화법과 태도를 찾아내고 몸에 익힌다는 점이었다. 이들은 자력에 반응하는 나침반처럼 자연스럽게 네트워크에 참여하고 희생과 배려를 습득하곤 했다. 그 과정이 너무나 자연스러워서 나는 우리에게는 아직도 오랜 공동체의 습속이 남아 있는 게 아닌가 하는 추측을 하게 되었다.

반자본의 마음, 마을을 바꾸다

실제로 인류가 태생적으로 서로 베풀고 돕는 존재라고 주장하는 학자들이 있다. 그들은 호혜의 정신은 이타적인 몇몇 사람에게서만 나타나는 독특한 습성이 아니며, 오랜 교육과 훈련을 받아야만 만들어지는 것도 아니라고 본다. 호혜는 본능에 가깝다는 것이다. 한 예로 마크 뷰캐넌은 인간에게는 호혜의 정신이 뇌 속에 저장되어 있다고 주장했다. 연약한 인간이 혹독한 자연에서 살아남기 위해서는 서로 돕는 전략이 필수이기 때문에 수만 년 전의 우리 조상들은 라면에 넣을 파를 미리 씻고 잘라 플라스틱 통에 넣어 저장하듯이 협조의 본능을 몸에 미리 넣어 두었다는 것이다.

크로포트킨은 대부분의 원시부족에게는 이방인을 환대하고 어려움에 처한 부족원을 돕는 전통이 강하게 남아있다고 그 증거를 든다. 중세 유럽에도 노동자들을 보호하기 위한 도제와 길드 제도가 있었고, 수백 년 전 베네치아에서도 시민을 위한 사회안전망을 구축했다.

하지만 우리는 '인간의 이기심 덕분에 빵을 먹는다'는 애덤 스미스의 주장과는 달리 크로포트킨의 '만물은 서로 돕는다'를 학교에서 배우지 않았다. 우리는 인간의 이기심과 경쟁을 당연하게 여기며 협력은 특수한 경우에만 가능한 것이라 여긴다.

마을에서의 삶 이후 나는 인류 속에 숨어 있는 협력의 유전자를 믿게 되었다. 다만 우리는 그것을 배울 기회를 점점 잃어가고 있다. 마을은 후손에게 서로 돕고 베푸는 방식을 가르쳐 주는 인류 역사상 가장 오래된 학교였지만 산업화와 도시화 이후 불과 수십 년 사이에 그 전통은 희소해져 버렸다.

사라지는
학교들

몇 년 전, 발리의 우붓 시골마을에서 아이와 한 달을 보낸 적이 있다. 그때 만난 한 한국인의 말이 아직도 기억에 남아 있다.

"이 마을에서 5년을 사는 동안 마을 사람들이 눈 찌푸리는 것한 번을 못 봤어요. 그동안 우붓에서 범죄라 할 만한 것도 딱 한 번 있었답니다. 놀랍죠?"

"어떻게 그런 일이 가능하죠?"

"이 사람들에게는 다른 사람과 잘 어울려 사는 것이 아주 중요한 가치더라고요. 이웃 사람에게 언성을 높이거나 싫은 소리를 하는 것을 아주 질 낮은 행동으로 여기는 문화가 있고요. 아이들에게도 어렸을 때부터 이웃에게 항상 웃으며 친절해야 한다고 엄격히 교육시키기도 하고요."

발리는 오래전 한 힌두왕이 인도네시아 본토의 왕국을 잃고 같이 배를 타고 도망쳐 온 사람들과 정착한 곳이라고 했다. 그 왕이 얼마나 아름다운 미소를 짓느냐로 배에 탈 사람을 선택한 것은 아닌지 의심될 정도로 이곳 사람들의 웃음은 매력적이고 온 섬에 만연했다. 웬만큼 바가지를 쓴다 해도 그들의 온화한 미소를 보면 '이따위 돈이 뭐 그리 중요하다고 야멸차게 따지겠나' 생각이 들 정도였다.

좀처럼 다른 이에게 무언가를 강요하지도 추천하지도 않는 발

181   반자본의 마음, 마을을 바꾸다

리인들이, 조금 과장하자면 공항을 나서자마자 내게 끊임없이 들려준 이야기가 있다.

"조금 있으면 마을의 장례식이 있어요."

도대체 어떤 장례식이길래 보는 이마다 권하는지 궁금해졌다. 게다가 심심함이 법정 전염병으로 지정되지 않은 것이 신기할 정도로 평화롭기만 한 곳이라 가보지 않을 도리가 없기도 했다. 몇 주 후 나는 머물던 집의 주인 와얀의 오토바이 뒤에 올라타 5년만에 열린다는 마을의 장례식에 가 보았다.

힌두교 신자에게 장례식은 무척 중요한 의식이라고 한다. 장례식은 조상신을 좋은 곳으로 인도하는 의례이므로 제대로 장례를 치르지 못하는 것은 후손에게 큰 죄로 여겨진다고 했다. 하지만 문제는 조상과 자신들이 흡족할 만큼 성대한 장례식을 치르기에는 이들이 가난하다는 것이었다. 마을의 유지라면 크고 성대한 장례식을 치를 수 있지만 대부분의 평범한 사람들은 그렇지 않다. 그래서 이들은 가족이 죽으면 한 장소에 가매장을 했다 몇 년에 한 번씩 공동으로 시신을 화장하는 마을 장례식을 여는 것이다.

장례식 장소에는 1000대도 넘어 보이는 오토바이가 세워져 있었고, 마을 사람들은 사람 키보다 큰 소나 물고기 인형을 가마에 싣고 흥겹게 행진했다. 힌두신의 인형이라고 했다. 행진이 도착한 곳에는 몇 주 전 가매장 장소에서 미리 파 놓은 수백 개의 뼈 자루가 바나나 잎에 덮여 있었다. 딸아이가 무엇이냐고 묻길래 장례식의 준비물이라고 답했다. 차마 가장 중요한 준비물이라는 말은 하지 못했다. 장례식은 듣던 대로 성대해서 준비한 힌두신 인형과 가마만 해도 수십여 개였고, 몇백 개에 이르는 분향소마다 음식이 가득 차 있었다.

"도대체 장례식을 얼마 동안 준비하는 건가요?"

"1년 정도 걸려요. 장례식이 있기 1년 전부터 마을 사람들이 모여서 회의를 하고, 남자는 남자대로, 여자는 여자대로, 각 가정마다 할 일을 분배해요. 힌두신 인형을 만드는 집도 있고, 매장한 시체를 파낼 일을 맡는 집도 있죠. 혹시 외지에 있어 일을 돕지 못한다면 정해진 돈이라도 부쳐야 해요."

"만약에 돈을 못 내면요?"

"그런 일은 없어요."

와얀의 얼굴은 언제나처럼 고요했지만 단호히 확신했다.

알고 보니 마을 공동의 일에 참여하지 않는 대가는 바로 따돌림이라고 한다. 우붓은 사모작까지 가능한 농경사회고 농경에서 무엇보다 중요한 것이 논에 물을 대는 순서라고 한다. 생계와 관련된 것이니 분쟁의 여지가 많았을 것이고, 이를 막기 위해 발리인들은 오래전부터 거미줄 같은 수로를 관리하는 '수박subak'이라는 농경단위 협의체를 만들었다. 대부분의 마을 사람들은 수박에 속해 농업용수를 공평하게 분배하는 과정에 참여하고 장례식과 같은 행사도 함께 치른다. 마을에서의 따돌림은 곧 물을 받지 못하는 것이니 그것이 곧 죽음이라는 말도 과장이 아니다. 발리의 거의 모든 사람은 이렇게 서로 의존하고 신뢰하며 공동체 속에 어울려 살아가는 방식을 계발해 왔고 그것은 문화가 되었다.

반자본의 마음, 마을을 바꾸다

한번은 근처에 살던 한 한국인 부인이 동네의 슈퍼마켓에서 물을 사려 했더니 주인이 손을 저으며 팔지 않겠다고 했다. 이유를 들으니 그 부인이 머물고 있는 숙소의 주인이 마을에서 다른 슈퍼마켓을 하고 있기 때문이었다. 물 정도는 그냥 팔아도 될 법도 하지만 그들은 혹시라도 이웃의 손님을 빼앗아 상대방의 마음을 상하게 할까 봐 조심했던 것이다.

우붓에는 장례식, 수박 등은 물론 이렇게 세세한 행동 요령에 이르기까지 마을에서 함께 평화롭게 살아가기 위한 노하우가 지금까지 전수되고 있었다. 그것은 실제로 평화로운 마을을 만들었고 아이들은 그 지혜를 자연스럽게 배우며 자라고 있다. 그 아이들은 아마 이웃에게 상처 주는 말을 하지 않고 모두가 행복해지는 화법과 행동을 익힌, 멋진 미소를 서로에게 전염시키는 어른으로 자라날 것이다.

인도네시아의 국민소득은 우리의 십분의 일 정도다. 우붓 사람들은 아직도 양은 냄비에 밥을 지으며 스테인레스 냄비를 살 수 있는 날을 꿈꾸고, 음식물 쓰레기라는 말이 낯설 정도로 모든 것을 아끼고 다시 쓴다. 그들은 부자 나라에서 온 관광객들을 위해 운전을 하고 호텔에서 청소를 하지만 이들의 마을 문화는 부자 나라의 그것에 비해 결코 뒤지지 않아 보였다. 이들은 법과 규제가 없이도 마을 속에서 서로 다치지 않고 공존했다. 그들의 문화에서라면 층간소음이나 쓰레기 분리수거 문제라도 우리보다 평화롭고 현명하게 처리될 것 같았다.

우리에게도 그런 것이 없었을 리가 없다. 인류는 탄생부터 공존을 위한 마을에 대해 궁리해 왔을 것이다. 마을은 오랫동안 공동체의 일원에게 보호감과 안정감을 주었으며, 구성원에게 필요하다고 여겨지는 것들을 후손에게 가르치는 역할을 해 왔다. 아이들은 함께 노는 법, 타인의 기쁨과 슬픔을 대하는 법, 자신의 상처를 타인에게 드러내고 치유하는 방법을 마을 안에서 배웠다. 관계를 망치지 않기 위해 조심해야 할 점을 익히고 공동체에 누가 되지 않는 존재로 자라난다.

이웃과의 공고한 관계는 연대의 기초가 되기도 한다. 관계가 있는 곳에서는 혼자라면 해결하기 어려울 일에 자기 목소리를 내기 더 쉬워지며 문제를 공론화 시킬 수 있는 연대의 속도가 더 빠르다. 이와는 달리 자본주의는 문제를 개인에게 귀결시켰고 우리는 연대와 건강한 분노의 방법을 충분히 배우지 못했다. <피로사회>의 저자 한병철은 '짜증내지 말고 분노하라'고 조언했지만 아직도 우리에게는 짜증이 손쉬운 해결책이다. 아쉽게도 도시의 네트워크를 통해서는 웃음과 행복보다는 짜증과 불안이 더 쉽게 전염되고 있는 것 같다.

불과 수십 년 사이에 이러한 마을의 문화는 어리둥절할 정도로 급속히 사라져 버렸다. 이제 우리 사회는 점점 마을의 세례를 받지 못하고 혼자의 공허함을 해결할 오랜 인류의 전통을 접하지 못한 세대로 채워지고 있다.

마을의 '공'뿐 아니라 '과' 또한 우리에게 잘 알려져 있다. 나는 분명 마을에서 덜 자유로웠다. 마을을 위한 공적인 일에 시간을 썼고, 사람들과의 관계 유지를 위해 감정과 비용을 소모하기도 했다. 때로는 머리가 아플 정도로 그것이 버겁기도 했다. 산업화 이후 개인화와 아파트의 고립 문화가 이토록 빠르게 도시를 점령할 수 있었던 것은 나름대로의 장점이 있기 때문일 것이다. 분명 복잡한 네트워크를 맺지 않고 나와 가족만의 문제에 몰두하는 것이 여러모로 편리하다. '도시는 개인을 자유롭게 한다'는 말은 지금도 유효하다.

이 마을에서 살기 전까지는 나 또한 관계는 얽매고 눈치 보게 하는 거추장스러운 것으로만 알았다. 하지만 공동체와 관계를 실제로 겪어 본 이후에 나는 이웃과의 아웅다웅 투닥거리는 삶의 경험이, 그 과정을 동반한 교감과 보살핌이 이 고립과 짜증의 사회에 약이 될 것이라 생각했다. 관계에는 비용이 들지만 이를 감수할 만한 충분한 가치가 있다.

문제는 자루마을에서도, 우붓에서도 보았듯이 마을은 저절로 아름다워지지 않는다는 것이다. 우붓의 마을이 있기까지 수천 년의 세월이 필요했으며, 자루마을도 많은 이들의 보상을 바라지 않는 희생이 있었기에 가능했다. 마을은 생각보다 쉽게 파괴되는 곳이며 꽤 손이 많이 가는 곳임을 우리는 이미 경험했다.

우리나라에서 지난 5년간 아프카니스탄 전쟁 사망자의 다섯 배가 넘는 사람이 자살한 이유가 병원과 프로작이 부족해서는 아닐 것이다. 프로작보다 좋은 해결책을 마을과 관계가 제공할 수 있을 거라 믿지만, 힘을 합쳐 물소를 잡거나 함께 논물을 댈 순서를 머리 맞대고 고민할 일이 없어진 우리에게 그 관계가 쉽사리 다시 만들어질지는 의문이다.

이미 과거의 것이 되어 버린 듯한 마을이 다시 사람들에게 가능성이 될 수 있을지 궁금해 인터뷰 중에 만난 마을 운동가들에게 나는 묻곤 했다.

"도시와 아파트에서도 이 마을과 같은 경험이 가능할까요?"

그들은 망설임 없이 답했다.

"가능하죠. 사실 이미 가능성을 보이고 있는 곳들이 많이 있습니다."

그 말대로 가까운 아파트 단지에서도 작은 도서관을 중심으로 사람들이 모이고 있고, 열악한 환경 속에서도 사람들의 관계를 엮어가는 움직임들이 있다. 부디 나와 그들이 누리는 행복이 우리 모두에게 당연한 것이 되길 바란다.

반자본의 마음, 마을을 바꾸다

에필로그

지금 이 글을 쓰는 곳은 경기도의 한 아파트 단지 근처의 도서관이다. 우리 가족은 몇 달 전 자루마을에서 50킬로미터 정도 떨어진 곳으로 이사를 왔다. 남편의 전근으로 자루마을에서는 출퇴근이 불가능해졌기 때문이다. 이사 소식을 들은 아이는 한 시간 넘게 울다 "아빠, 사장님한테 술 마시고 못 간다고 말해!"라고 외쳤다. 나 역시 울고 싶었지만 방법이 없었다. 최선의 대안은 자루마을과 비슷한 곳을 찾는 것이었다. 몇 달 동안 찾아 헤매도 작은 학교가 있고 이웃이 자주 만나는 마을, 마당 딸린 집, 그리고 남편의 출퇴근 거리의 조합을 찾지 못했다. 결국은 아이를 위한 작은 혁신학교와 출퇴근을 만족시키는 한 아파트 단지로 이사를 결정했다. 이사 전에는 친구들과 한 달 가까이에 걸친 긴 이별인사를 했다. 알고 지낸 사람과 관련된 모임이 많았으니 그 또한 복잡한 일이었다. 누군가 이사 가는 마음이 어떠냐고 물었을 때 나는 답했다.

"열 번도 넘게 이사를 해 봤지만 지금 같은 기분은 처음이에요.

예전에는 이웃과 관계가 거의 없었으니 달팽이처럼 집만 옮기면 끝나는 일이었거든요. 그런데 지금은 뿌리를 흔들어 뽑히는 나무가 된 기분이에요. 마음속에 뿌리 내리고 정든 것이 너무 많으니까요."

아쉬워하는 내게 현명한 그는 말했다.

"이사 가면 나름대로 또 익명의 즐거움이 있을 거예요."

처음엔 그 말이 위로일 뿐이라 생각했다. 이사 오기 사흘 전쯤, 나는 남편에게 말했다.

"그저께는 투덜이 공작소에서 그림 그리던 사람들과 밥 먹고 차 마시러 갔고, 어제 오전에는 학부모회 엄마들하고 커피 마시면서 교육청 보낼 자료 만들었고, 오후에는 영어 가르치던 꼬맹이들과 과자 파티하고 저녁에는 반 엄마들이랑 송별회 했어. 내일은 역사연구모임이랑 프랑스어 교실 사람들하고 밥 먹기로 했어. 나 이사 가서 잘 살 수 있을까?"

하지만 이사 후 마을과 사람들과의 관계가 사라진 자리에는 놀라운 평화가 찾아왔다.

이사를 오니 거짓말처럼 다이어리에 빼곡했던 일정이 사라지고 나는 갈 곳도 불러 주는 이도 없는 신세가 되었다. 하지만 그 현인의 예언처럼 내 몸과 마음은 오히려 편했다. 나는 오랜만에 라디오를 켜고 (자루마을은 난청지역이었다) 고즈넉한 시간을 즐겼다.

위, 아래, 옆집과 난방을 나누는 아파트의 겨우살이 또한 큰 즐거움이었다. 이사 초반에는 남편과 "이게 뭔 일이냐, 고장난 거 아니지?" 하며 보일러 온도조절기를 껐다 키며 좋아라했다.

단열창으로 쏟아지는 겨울 햇살을 만끽하며 소파에 혼자 누워 그제서야 마을에서의 막바지에 내가 꽤 지쳐 있었다는 것을 깨달았다.

자루마을에서 한동안 나는 머리가 지끈거릴 정도로 에너지의 많은 부분을 다른 사람의 감정을 고려하는 데 썼다. 사람들 사이의 크고 작은 분쟁은 항상 있었고 발을 담은 모임에서 책임져야 할 일도 쌓였다.

'내가 그에게 상처를 준 것은 아닐까?' 또는 '그녀는 그런 의미로 말했건만 나만 눈치 못 챈 것은 아닐까?' 하는 생각을 자주 하면서 짜증이 늘고 관계가 부담스러워지기도 했다.

이사를 오고 나서야 그때의 내가 빅맨의 욕망에 도취해 있었고 너무 많은 콩을 쥐어 병에서 손을 빼지 못하는 아이의 신세였음을 깨달았다. 관계에의 지나친 몰입은 스스로를 잃어버리는 것과 다름없다. 타인의 인정 없이는 불안해지고 그들의 눈에 비친 내가 어떨지 살피느라 정작 내 인생에서 중요한 것들을 놓치고 있었다. 여섯 개의 에코백은 내게는 너무 많았다.

그제서야 다른 사람과 자신의 성향에 맞게 관계의 양과 방식을 잘 조절해야 한다는 것을 깨달았다. 이를테면 혼자 있는 것을 좋아하는 나는 많고 다양한 일을 하기보다는 소수의 마음에 맞는 사람과 일에 깊게 빠지면서 행복해졌다. 쥔 콩을 내려놓을 줄 알아야 한다는 것이 마을이 내게 마지막으로 가르쳐 준 관계의 지혜였다.

마을은
집이 아니라

지금의 삶은 여러모로 쾌적하다. 걸어서 병원과 도서관에 오가며 과일도, 마카롱도 살 수 있다. 주변에는 열여섯 개의 치킨집이 있고 아파트 상가에만 진짜로 24시간 여는 편의점이 두 개나 있다.

아이가 학교에 가면 거의 온종일 가까운 카페에서 혼자 글을 쓰며 시간을 보내다 아이가 돌아오면 둘이 간식과 저녁을 먹는다. 나는 더이상 아이를 학교까지 차로 바래다주지 않아도 되며, 오가다 마을 사람들에게 미등을 깜박이는 일도 없다. 운동장에서, 나와 이웃의 부엌에서, 도서관과 그냥가게에서, 공방에서, 아이의 방과 후에도 타인과 뒤섞여 지내던 마을에서와는 다른 시간이 흐른다.

이사 전까지만 해도 아파트의 다른 사람들처럼 살지 않을 자신이 있었다. 이사 가면 위 아래층, 옆집에 떡도 돌리고 인사도 해 가면서 친하게 지내리라 마음 먹었다. 찾아보면 이 마을에서 겪은 이웃의 즐거움을 그곳 사람들과도 나눌 기회가 있을 것 같았다. 그러나 이사 온 후 이웃들과 눈이 마주치면 먼저 인사를 하긴 했지만 그뿐이었다. 눈을 마주치고 "안녕하세요"라는 의례적인 말을 하는 것만으로는 관계가 쌓이지 않았다. 이웃의 얼굴보다는 문 앞에 놓인 택배상자를 더 자주 보고 이웃보다는 관리실 직원들과 더 오래 얘기를 나누었다.

이곳에서는 운동장에서 학부모를 만날 일이 없고 반 모임도 없다. 새 미용실과 치킨집을 알려줄 단체카톡방도 없으며, 학부모를 위한 SNS가 있긴 하지만 몇 달에 한 번씩 공지사항이 올라오면 '네, 잘 알겠습니다' 등의 짧은 답글이 달릴 뿐이다. 이곳에서는 내가 관계를 통해 행복해지기 어렵고, 나와 이웃의 행복이 다른 사람에게 전파되기도 어렵다. 내가 행복해질 확률 15퍼센트를 높여 줄 친구, 그러니까 크리스태키스의 계산대로라면 최소한 2000만 원의 가치가 있는 친구를 만들 기회가 쉽지 않은 것 같다.

이사 온 지 6개월이 지나면서 스스로가 예전보다 웃음이 많이 줄었다는 것이 느껴져 아쉽기도 했다. 이제 나는 더 이상 치과에서 칭송 받기는 어려울 것 같다. 웃음의 전염성은 아무래도 효력이 길지 않은가 보다. 나는 이제 마트의 점원에게 이유 없이 헤실거리는 일이 줄었고 예전 다른 동네의 사람들이 그랬듯 무뚝뚝한 표정으로 횡단보도의 신호등을 바라본다. 길을 걸으며 상대방의 시선을 느끼는 일에도 익숙해졌고 내가 입고 싶은 옷이 아니라 그들에게 괜찮아 보이는 옷을 골라 입는다.

지금도 가끔 예전 마을 친구들을 만나기도, 통화를 하기도 한다. 그들은 여전히 자주 만나 밥을 먹고 지칠 정도로 동네 이곳저곳을 돌아다니며 모임을 만들고 있다. 여럿이 힘을 합쳐 가게를 낸다거나 새로운 마을 사업에 지원한다는 말을 들을 때면 내가 그 모든 일에서 멀어졌다는 것이 비현실적으로 느껴질 때가 있다. 그럴 때면 아직도 그들에게 말을 걸고 간섭하고 싶은 충동이 인다.

자루마을을 겪지 않았다면 도시의 삶이란 으레 얼마간 심심하고 적막한 것이려니 했을 것이다. 하지만 나는 이미 콰이강과 홍해를 건너온 몸, 세상에는 '마음을 연 사람'과 '마음을 열 사람'만이 존재

한다는 마을의 가르침을 받은 자였다. 게다가 내게는 인간 관계학의 초급과정을 무사히 수료한 안도감과 자신감이 있었다. 그러니 이사 후에도 혼자 아이를 가르치며 문을 닫고 살 수 없었고 새로운 친구를 만들 기회를 찾았다.

수천 세대가 빼곡히 들어찬 아파트 단지 속에서 아이러니하게 도 나는 애써 이웃을 찾아 나서야 했다. 다행히 나는 한 동네서점을 들렀고 그곳에서 몇 년 전 노란 등불이 비치는 나무문의 가게에서와 비슷한 것을 느꼈다. 그곳의 독서모임에 들고, 강연을 들으며 사람들 을 만났다. 이제 어디에건 배려와 존중에 쉽게 전염되는 사람들이 가 득차 있다는 것을 알게 되었으니 예전보다 쉽게 웃고 말을 걸 수 있다. 오랫동안 내가 왜 행복하지 않았는지 깨달았으니 무엇을 찾아야 할 지도 알 것 같다.

만약 내가 다시 이사 갈 마을을 찾고 집을 짓는다면 남향에 깨 끗한 싱크대와 욕실이 있는지만을 고려하지는 않을 것이다. 몇 년 전 만 해도 150평의 땅 위에 폴딩도어를 단 집을 짓고 텃밭을 일구는 것 이 전원생활이자 마을의 삶이라고 여겼다. 하지만 지금 내게 마을이 란 같이 꽃을 심던 친구와 여름이면 매일 제습기 두 통을 비워야 했 던 습하고 작은 도서관, 그 도서관 안에서 부비며 놀던 아이와 어른 들, 그들과 나눴던 셀 수 없는 음식과 그들의 부엌에서 보냈던 시간, 이웃과 내 아이가 놀고 먹고 씻으며 아웅다웅했던 기억이다. 잘 지은 집은 몸을 편하게 하겠지만 행복까지 약속하는 것은 아니다. 나는 때 로 지긋지긋하고 도망가고 싶기까지 했던 강렬한 관계 속에서, 그로 인해 배운 것들로 비로소 행복해졌다.

글을 마무리하는 지금까지도 자루마을의 행정명을 밝힐지를 고민했다. 독자들은 글에 드러난 실마리만으로도 자루마을의 위치를 쉽게 유추할 수 있겠지만, 기꺼이 모른 척해 주리라 믿으며 책에서는 그 이름을 덮어 두기로 했다. 이사를 앞둔 어느 날 나는 테라스에 서서 건너편 산등성이에서 딸아이와 먹던 산딸기 나무가 포크레인에 파이고 그 자리에 타운하우스 수십 동이 들어서는 것을 지켜보았다. 원고를 쓰는 1년여 동안 아이들이 생태수업을 하던 도서관 뒷산이 통째로 사라졌고 그 자리에는 곧 수백 세대의 아파트와 전원주택 단지가 들어설 예정이다. 마을의 친구들은 건설사를 상대로 힘겨운 싸움을 하고 있다. 마을에는 하루가 다르게 빌라가 들어서고 늘어난 인구에 하수처리장이 감당하지 못할 지경이 되었다. 작년까지 모내기하던 논이 메꿔져 주택단지로 바뀌고 분양 현수막이 걸리는 동안 내 오랜 친구들은 치솟는 전셋값을 걱정해야만 한다. 내가 마을의 이야기를 책으로 쓰기로 결심하고 마을 사람들이 허락해 주었던 것은 힘겨운 싸움을 하는 그들을 응원해 줄 사람들이 더 많을 거라는 믿음이 있기 때문이었다. 독자들이 이 연약한 곳을 지켜주리라 믿는다.

이곳이 신기한 마을인 줄 알았더니 사실은 그저 오래된 마을 중 하나였다. 사람들이 이곳에 와서 변했을 거라 추측했으나 지금 보니 오랫동안 그들 안에 있던 모습이 드러난 것일 뿐이었다. 자루마을에 산다고 해서 모두가 행복해지지는 않을 것이다. 그러니 이 글이 유별나게 따스한 마을의 이야기가 아니라 우리 주변의 평범한 광폭함에 대한 글로 읽혔으면 한다. 그리고 누군가 작은 것을 먼저 베푸는 시도를 해 보길, 따스한 숯덩이 같은 이웃의 존재를 믿게 되길, 그리하여 내 마을에서 자루마을의 따스함을 느끼는 계기가 되길 바란다.

퇴고를 하며 모두에 쓴 글을 수백 번 넘게 다시 읽었다.

'모든 것이 변하여 머무르는 것이 없고,
나라고 할 만한 것도 없으니'

이제 이 글을 분노 없이 읽을 수 있어 다행이다. 이제야 돌아보니 이 문장은 마을이 내게 가르쳐 준 것이기도 하다. '세상에는 나라고 정의할 만한 것이 없으며, 남이라고 할 만한 것도 없이, 모든 것은 연결된 채 변하고 스러져 간다'고 말이다. ⬤

도서출판 남해의봄날 로컬북스 15
이웃한 도시라도 자세히 들여다보면 서로 다른 자연과 문화, 아름다움을 품고 있습니다.
독특한 개성을 간직한 크고 작은 도시의 매력, 그리고 지역에 애정을 갖고 뿌리내려 살아가는
사람들의 이야기를 남해의봄날이 하나씩 찾아내어 함께 나누겠습니다.

어느 날, 변두리 마을에 도착했습니다

반자본의 마음, 모두의 삶을 바꾸다

초판 1쇄 펴낸날   2019년 4월 29일
초판 3쇄 펴낸날   2021년 5월 17일

글쓴이   김효경

편집인   박소희책임편집, 천혜란
마케팅   이다석, 황지영
표지 그림   김중석
사진   이신원, 이연실, 하유나
종이와 인쇄   미래상상
디자인   로컬앤드www.thelocaland.com

펴낸이   정은영편집인
펴낸곳   남해의봄날
               경상남도 통영시 봉수1길 12, 1층
               전화 055-646-0512 팩스 055-646-0513
               이메일 books@namhaebomnal.com
               페이스북 /namhaebomnal 인스타그램 @namhaebomnal
               블로그 blog.naver.com/namhaebomnal

ISBN 979-11-85823-41-6 03300
ⓒ김효경, 2019